「구미의 역사문화인물」 시리즈는 〈사단법인 여헌학연구회〉가 구미시의 지원을 받아
출간하는 총서입니다.

구미의 역사문화인물 6

김취성·김취문 형제, 국망의 위기 앞에 선 도학자들

기획 ‖ 사단법인 여헌학연구회
지은이 ‖ 김성우
펴낸이 ‖ 오정혜
펴낸곳 ‖ 예문서원

편집 ‖ 유미희
디자인 ‖ 김세연
인쇄 및 제본 ‖ 주) 상지사 P&B

초판 1쇄 ‖ 2017년 12월 18일

주소 ‖ 서울시 성북구 안암로9길 13
출판등록 ‖ 1993년 1월 7일 (제307-2010-51호)
전화 ‖ 02-925-5913~4 / 팩스 ‖ 02-929-2285
Homepage ‖ http://www.yemoon.com
E-mail ‖ yemoonsw@empas.com

ISBN 978-89-7646-378-4   03900

© 金盛祐 2017 Printed in Seoul, Korea

YEMOONSEOWON 13, Anam-ro 9-gil, Seongbuk-Gu Seoul KOREA 136-074
Tel) 02-925-5913~4, Fax) 02-929-2285

값 15,000원

김취성 · 김취문 형제, 국망의 위기 앞에 선 도학자들

구미의 역사문화인물 ⑥

김취성 · 김취문 형제, 국망의 위기 앞에 선 도학자들

김성우 지음

예문서원

'구미의 新문화르네상스'의
밑거름이 되길 기대하며

　경상북도 서남부에 위치한 구미시龜尾市는 일반 시민들에게 한국 근대화의 중심 도시이자 첨단 IT산업도시로 알려져 있습니다. 하지만 근대화 이전인 전통 시대의 구미시는 신라 불교의 초전지로서 한국 불교문화佛敎文化의 융성을 이끈 중심지였을 뿐만 아니라 고려와 조선시대를 거치면서 한국 유학의 중심으로서 수많은 유현儒賢들을 배출한 유서 깊은 영남 문화의 중심지였습니다. 그래서 『택리지擇里志』의 저자 이중환李重煥은 "전해 오는 말에 '조선 인재의 반은 영남에 있고, 영남 인재의 반은 일선一善, 즉 구미에 있다'고 한다"며 구미지역이 영남을 넘어 우리나라 인재의 부고府庫이자 정신문화精神文化의 산실임을 확인하였습니다.

　전통은 오래된 미래라고 합니다. 과거 우리 선조들이 이룩한 문화 전통은 오늘의 우리를 만든 밑거름이자 새로운 미래를 기약하는 비전입니다. 따라서 21세기 세계 속의 명품도시로 거듭나기 위해 구미시가 추진하고 있는 '위대한 구미, 찬란한 구미'를 열어가기 위한 도전은 그 어떤 것에 앞서 우리 지역의 역사문화 전통에 기반하여야 할 것입니다. 이러한 측면에서 세 번째로 발간되는 이번 「구미의 역사문화인물」 시리즈는 구미시의 역사문화 전통을 재삼 확인하고, 나아가 미래첨단도시이자 역사문화도시로서 구미의 위상을 확립하는 하나의 계기가 될 것이라 생각합니다.

특히 구미지역의 찬란한 문화전통을 수립한 수많은 선조들의 삶과 업적을 현대적 시각에서 재조명하는 이 시리즈는 역사문화도시로서 구미시의 위상을 확립하는 밑거름이 될 것입니다. 그리고 영남을 넘어 우리나라 전체에서 손꼽히는 역사문화도시임에도 불구하고 그동안 산업화의 도시로만 알려져 우리 지역의 역사성이 퇴색되었던 것을 오늘에 되살리고, 새로운 구미시의 미래를 개척하는 소중한 자산으로 이 시리즈가 기여할 것이라고 믿어 의심치 않습니다.

이 「구미의 역사문화인물」 시리즈는 본궤도에 오른 지방자치시대를 맞아 42만 구미 시민에게 지역에 대한 자부심과 자긍심을 높이고, 나아가 구미시민으로서의 정체성을 확립하는 하나의 계기가 되어야 할 것입니다. 특히 자라나는 구미지역의 청소년에게 지역의 소중한 문화전통을 올바로 가르치고, 문화적 유산은 물론 윤리적 전통을 계승하게 하여 참다운 지역 시민으로 성장하는 밑거름이 되어야 할 것입니다.

「구미의 역사문화인물」 시리즈는 지난 2003년, 한국 유학의 중심 맥락에 위치하는 '여헌학' 을 포함한 한국학의 지속적인 성장을 도모하기 위해 출범한 〈사단법인 여헌학연구회〉가 기획하여 시작하였습니다. 일찍부터 지역의 문화적 전통에 관심을 기울여 온 〈사단법인 여헌학연구회〉는 여헌선생의 학문적 업적에 대한 현양에만 한정하지 않고, 구미지역의 여러 유현 및 선조들의 업적을 발굴하여 선양하는 데 관심을 가지고 있습니다.

〈사단법인 여헌학연구회〉는 이러한 관심을 현실화하는 「구미의 역사문화인물」 시리즈의 세 번째 결실인 송당松堂 박영朴英 선생과 진락당眞樂堂 김취성金就成 · 구암久庵 김취문金就文 선생에 대한 평전 형식의 단행본을 통해 선산善山과 인동仁同을 포함하는 구미지역에서 배출한 의미 있는 인물의 행적과 업적이 객관적이면서도 의미 있게 드러나길 기대하고 있습니다. 그리고 이 시리즈를 통해 과거 찬란했던 구미시의 역사문화가 더욱 빛을 발하고, 온전한 평가를 받을 수 있길 희망하고 있습니다. 그리하여 과거와 현재, 그리고 미래가 공존하는 지방자치의 전형으로서 구미시의 위상이 제대로 갖추어지길 기대하고 있습니다.

이러한 기대와 바람을 현실화시키기 위한 우리의 노력이 결실을 맺게 된 데에는 경상북도 구미시의 아낌없는 지원이 큰 힘이 되었습니다. 구미지역의 전통문화자원의 개발에 관심이 많은 남유진 구미시장님의 아낌없는 관심과 지원, 그리고 구미시의

행·재정적 지원이 어우러져 이번 시리즈가 결실을 맺게 된 것입
니다. 지면을 빌려 남유진 시장님과 구미시 관계자 여러분께 감
사의 인사를 전합니다. 아울러 「구미의 역사문화인물」 시리즈를
기획하고 편찬을 주도하고 있는 〈사단법인 여헌학연구회〉 임원
진과 직접 집필을 맡아 수고를 아끼지 않으신 교수님께도 회원들
의 정성을 담아 감사를 드립니다.

　이 시리즈를 비롯하여 〈사단법인 여헌학연구회〉에서 추진
하는 오늘의 작은 노력이 향후 위대한 성취로 이어지길 기원합니
다. 그리고 이 시리즈를 비롯하여 〈사단법인 여헌학연구회〉의
사업들이 '구미의 문화르네상스'를 열어 가는 밑거름이 되길 기
대합니다. 감사합니다.

2017. 12.

사단법인 여헌학연구회 이사장

교육학 박사 장이권

지역발전을 선도할
'구미학' 수립을 기대하며

 영남의 중심 도시이자 한국 산업화의 메카로 손꼽히는 우리 구미시는 자연과 인간, 전통과 미래가 어우러진 '풍요의 땅'으로 알려져 왔습니다. 영남 팔경八景의 하나이자 수많은 전설을 품고 있는 금오산을 위시하여 천생산과 태조산 등이 병풍처럼 도시를 감싸 안고, 도심을 관류하는 영남의 젖줄 낙동강이 드넓게 펼쳐진 들판에 풍요로움을 더하는 구미의 자연환경은 일찍부터 우리 고장을 사람살기 좋은 고장으로 만드는 밑거름이 되었습니다.

 천혜의 자연환경을 밑거름으로 우리 고장 출신의 선조들은 일찍부터 지역의 정체성 수립은 물론이거니와 우리나라 문화와 역사 발전을 위해 뚜렷한 성취를 이루어 냈습니다. 특히 유교문화를 비롯하여 다양한 방면에서 이루어진 지역 내 선조들의 성취는 우리 지역이 영남문화의 중심지, 나아가 정신문화의 메카로 자리 잡는 데 크게 기여하였습니다.

이러한 우리 지역의 자랑스러운 역사와 문화 전통은 20세기 중반 이후 본격화하는 한국의 근대화 과정에서 우리 지역이 산업화의 메카로 발돋움하는 데 밑거름이 되었다고 하겠습니다. 그리고 세계화시대가 본격화하고 무한경쟁시대에 접어든 오늘날에도 우리 지역의 역사문화 전통은 경쟁력 있는 우리 지역의 새로운 미래를 창조하는 기반으로서 그 역할을 다할 것이라 믿어 의심치 않습니다.

우리 구미의 자랑스러운 역사와 문화 전통에 대한 지역민의 관심은 그동안 간헐적으로 제기되어 왔습니다. 1990년대 이후 본격화한 지방자치가 보다 성숙되면서 지역민의 지역에 대한 관심은 더욱 확대되고 있으며, 이러한 과정에서 특히 우리 지역의 역사와 문화 전통에 대한 지역민의 관심이 증가하고 있지만, 그 관심을 체계적으로 수용하는 데에는 일정 정도 한계점을 보여 왔던 것이 그동안의 상황이기도 합니다. 물론 지역의 역사적 전통을 정리하고 체계화하려는 시도가 없었던 것은 아니지만, 타 지역을 뛰어넘는 구체적이면서도 뚜렷한 성취는 이루어내지 못한 것도 또한 사실입니다.

이러한 그동안의 사정에 비추어 〈사단법인 여헌학연구회〉가 미약하지만 구미시의 지원을 받아 「구미의 역사문화인물」 시리즈를 본격적으로 발간하기 시작한 것은 특기할 만한 성취의 첫 걸음이라 평가할 수 있을 것입니다. 더구나 구미시의 제안이 아니라 〈사단법인 여헌학연구회〉가 자발적으로 지역의 역사적 전통에 관심을 두고 지역 문화 및 지역의 정체성을 확립하기 위해 여러 사업을 본격화하였다는 사실은 향후 시의 지속적인 행정적·재정적 지원만 이루어진다면 지역학으로서 '구미학龜尾學'의 정립에 크게 기여할 수 있을 것으로 기대된다는 점에서 더욱 주목된다고 하겠습니다.

그동안 구체적으로 밝히지는 못하였지만, 구미시의 시정을 책임지는 자리에 있는 본인은 여러 가지 주요 사안들을 추진하면서 미처 관심을 쏟지 못하였던 '구미학'을 구체화하는 데에 큰 관심을 가지고 있었습니다. '구미학'은 선산과 인동을 포함하는 우리 지역의 뿌리와 특성을 찾아내어 우리 지역의 정체성을 정립하고, 이를 지역민이 공유하며, 구미지역의 지속적인 발전의 기반으로 삼는 유무형의 자산을 체계화하는 것입니다. 1993년 서울에서 '서울학'의 정립을 본격적으로 시작한 이래, 크고 작은 지방자치단체가 해당 지역을 대상으로 하는 지역학 정립에 힘을 쏟고 있습니다. 우리 구미도 지방자치의 성숙에 발맞추어 지역민의 통합과 지역 발전의 밑거름으로서 '구미학'의 구체화가 필요하며, 이러한 점에서 〈사단법인 여헌학연구회〉가 기획한 「구미의 역사문화인물」 시리즈 발간은 그 의미가 작지 않다고 할 것입니다.

우리 구미시는 대한민국의 미래 성장 동력으로 기능할 첨단

산업단지와 더불어 날로 발전하는 정주여건을 바탕으로 머지않은 장래에 '인구 50만 시대'를 기대하고 있습니다. 더불어 세계 속의 명품도시 구미를 만들기 위한 '구미 르네상스시대' 개척에도 시민과 더불어 심혈을 기울이고 있습니다. 이러한 구미시의 위대한 도정道程에 〈사단법인 여헌학연구회〉가 발간을 주도한 「구미의 역사문화인물」 시리즈는 시 발전의 또 다른 밑거름이 될 것입니다. 지면을 빌려 장이권 이사장님을 비롯한 관계자 여러분의 노고에 깊이 감사드리며, 앞으로도 이 시리즈가 더욱 발전할 수 있도록 행정적·재정적 지원을 아끼지 않을 것을 약속드립니다. 아울러 여러 가지로 바쁜 가운데에도 집필을 맡아주신 필진 교수님들께도 감사의 인사를 전합니다.

　　꿈과 비전, 그리고 무한한 가능성을 바탕으로 21세기를 선도하는 세계 속의 명품도시 구미시에 보내 주신 성원에 감사드리며, 이 시리즈가 더욱 번성하길 기원합니다. 감사합니다.

2017. 12.
구미시장
남유진

　오늘날 경북 구미시 고아읍에는 원호리와 문성리라는 두 개
의 동리가 있다. 조선시대에 이곳은 들성(坪城)이라 불렸고, 평성
면坪城面 소재지가 이곳에 있었다. 금오산(977m)의 지류가 동북북
방면으로 완만하게 내려오다가 다봉산(376m)에 이르러 한 번 솟
구치고, 그 아래로 내려오면서 형성된 좁은 계곡에 들어선 마을
이 들성이다. 주산主山인 청룡산 자락에 위치한 들성은 앞산인 당
산堂山을 안산案山으로, 금오산을 조산祖山으로 하는 반룡盤龍 형
국의 명당이다.

　들성을 상징하는 대표적 자연 경관은 마을 앞에 펼쳐진 문성
지文星池라는 저수지다. 이 못의 원래 이름은 호지狐池(야시못)다.
조선 태종 대(치세 기간 1400~1418) 저수지를 축조하게 되었을 때 여
우(야시)가 위치를 알려 주었다 하여 붙여진 명칭이다. 이 못의 수
리 혜택을 입은 주민들은 매년 사월 초파일이 되면 당산에 있는

13

'야시(여우) 사당'(狐祠)에서 성대한 당제堂祭를 거행하곤 했다.

축조 당시 야시못은 수리 면적이 2백만 평(240결)에 달하는 초대형 저수지였다. 15세기 초반 조선 전체에서 가장 큰 저수지 가운데 한 곳이었을 뿐만 아니라, 농업선진지대였던 경상도에서 이보다 더 큰 저수지는 상주의 공검지가 유일했다. 현재 이 일대에 조성된 '문성생태공원'이 8만 평 정도인 것에 비추어 보면, 축조 당시 야시못의 크기나 수리 면적이 어느 정도였는지 미루어 짐작할 수 있다. 야시못이 들성 앞에 펼쳐진 연화지烟火旨뿐 아니라 낙동강으로 연결되는 더 넓은 팔계원평八溪院坪에도 수리 혜택을 준 탓에, 들성 일대는 일찍부터 수전농업 지대로 각광받았다.

여말선초 이래 선산을 대표하는 세족世族들은 풍수적 길지에다가 농업 조건이 가장 좋았던 이곳에 눈독을 들였다. 원래 이 마을은 선산의 토성土姓인 선산임씨善山林氏가 살던 마을이었지만, 15세기 이래 이들과의 혼인을 통해 들어온 사위와 그 후손들이 살면서 혼거混居 양상을 보였다. 이런 상황에서 마을의 주도권은 점차 외손 집단으로 넘어갔는데, 15세기 후반에는 신천강씨信川康氏가, 16세기 초반에는 선산김씨가 그들이었다.

선산김씨의 들성 입향조는 김광좌金匡佐(1466~1545)였다. 선산 고남에 살았던 그는 임빈林斌의 무남독녀와 결혼한 것을 계기로 이곳에 우거寓居하기 시작했고, 장인의 전 재산을 물려받아 이곳에 정착할 수 있는 경제적 기반을 갖추었다. 이후 6남 3녀에 이르

는 자식들이 대부분 현달함에 따라, 이 가문은 들성의 최대 명문
으로 부상하기에 이르렀다. 가문의 성세를 대내외에 과시한 사
람은 김취성金就成(眞樂堂, 1492~1551)이다. 그는 16세기 전·중반
조선 성리학계를 주도했던 박영朴英(松堂, 1471~1540)의 고제高弟로
서, 송당학파松堂學派를 사실상 이끌어 간 도학자道學者였다. 그의
학문적 명성과 교육자로서의 모범에 힘입어 다섯 명의 동생들이
모두 현달하면서, 16세기 전·중반 이후 선산김씨는 선산의 최고
명문이 되었다.

　　이들 가운데 가장 두드러진 이는 김취문金就文(久庵, 1509~1570)
이다. 김취성보다 18세 어린 그는 맏형의 인도를 받아 공부를 시
작했고, 그의 추천으로 송당에 입문했으며, 20대 후반 이미 송당
학파의 고제로 인정받은 재사才士였다. 그는 1537년(중종 32) 29세
의 연소한 나이로 문과 별시에 합격하여 인종仁宗의 총애를 받았
지만, 명종明宗 즉위 이후 도래한 이른바 '을사정국乙巳政局'에서
혹독한 시련을 당한 인물이기도 했다.

　　'을사권신乙巳權臣'들의 갖은 회유와 탄압에도 불구하고, 20
년 동안 자신의 정치적 신념과 학문적 지조를 꿋꿋이 지켰던 그
는 명종 대(치세 기간 1545~1567) 생존했던 몇 안 되는 '을사명현乙巳
名賢' 가운데 한 사람이었다. 1565년(명종 20) 문정왕후文定王后 사
후 전개된 이른바 '사림士林 정국'에서 원로 사림파로서 맹활약
했던 그는 1570년(선조 3) 62세의 나이로 생을 마감했다. 사망 당

시 그의 관직은 홍문관弘文館 부제학副提學이었다. 누구나 미래의 재상감으로 점치며 그의 활약을 기대했던 사림파 관료의 최후치고는 너무 아쉬운 죽음이었다.

그의 가계는 김종무金宗武와 김종유金宗儒 두 아들로 이어졌고, 이들의 후손들이 들성을 중심으로 살아갔다. 이런 이유로 들성은 입향조 김광좌의 후손들이 거주하는 마을인 동시에, 김취문의 후손들이 거주하는 마을이기도 했다. 흔히 '들성김씨'라 하면 좁은 의미에서 김취문(문간공)의 후손들만을 지칭한다. 그런 점에서 '들성김씨'에게 현조顯祖 김취문의 위상은 각별했다. 그의 자字는 문지文之였다. '문지'는 '먼지'의 경상도 사투리인데, 조상의 이름을 기휘忌諱하는 전통에 따라 '들성김씨'는 '먼지'를 '미금'이라 부른다.

필자도 먼지를 미금이라 부르는 자손이다. 어렸을 때부터 조상 이야기를 귀에 딱지가 앉도록 들어왔지만, 조상 이야기를 풀어 간 작업은 이번이 처음이다. 필자는 오래전부터 고향 선산에 대해 많은 관심을 가져왔고, 여러 편의 글들을 발표해 왔다. 그렇지만 조상 이야기는 가능하면 피하려 했다. 조상 자랑을 한다는 세간의 의심 어린 눈초리가 싫었기 때문이다.

'여헌학회'에서 주간하여 출간해 온 〈구미의 역사문화인물〉의 2017년 인물로 김취성·김취문 형제가 선정되었다. 두 선현은 후손들이 자랑스러워하는 것만큼 학계나 대중들에게 알려지지 않은 인물이다. 주간 측에서 의뢰자를 구하지 못한 탓인지 흘러 흘러 필자에게까지 요청이 들어왔다. 필자보다 두 선현에 대한 정보를 많이 갖고 있는 사람이 없을 것이라는 판단 아래, 결국 조상 이야기를 하게 되었다.

이 작업을 하면서, 두 어른이 남긴 기록들, 당대와 후대의 평가 등등에 대한 기록들을 꼼꼼하게 살펴보았다. 이 과정에서 필자가 그동안 알고 있던 것들이 아주 피상적이라는 사실을 깨닫게 되었다. 자료들을 정리하고 그것을 바탕으로 이야기를 끌고 나가는 동안, 나라가 망해가는 위기 상황 앞에 놓인 두 도학자 형제들의 고통과 연민을 잠시 생각해 볼 기회가 있었다.

그런 암울한 시대가 혹 또다시 닥칠 경우, 과연 필자가 그분들의 일부만이라도 닮을 수 있을지 의문이다. 지나간 날들 치고 고통이 없던 시대가 있었겠는가마는, 500년 뒤에 살고 있는 필자가 국망國亡 시대에 온 몸으로 부대꼈던 두 형제의 지조와 절개, 그리고 그들의 고심을 과연 조금이라도 따라갈 수 있을지 자신이 없다. 조상을 새롭게 생각해 볼 수 있는 기회를 제공해 준 '여헌학회' 관계자들에게 감사의 인사를 전한다.

2017년 10월
김성우

제1장 진락당 김취성

1. 문향 선산이 낳은
   자부심 넘치는 선비

1519년(중종 14) 봄 서울에 갔다가 내려온 박운朴雲(龍巖, 1493~
1562)은 곧바로 친구 김취성金就成(眞樂堂, 1492~1551)을 찾았다.

내가 이번에 서울에서 내려올 때 한강에서 박영朴英을 만나 동
행하게 되었네. 그와 함께 며칠 동안 이야기를 나누어 보니, 그
의 도道가 크고 덕德이 넓어, 혼연히 부드러운 것(沖融)이 우리
동방東方 리학理學의 종장宗匠이라 할 만하네. 우리가 그의 문
하로 나아가 경서를 가지고 의심처를 물어보는 것(執經問難)이
어떻겠는가? 우리가 그의 제자 대열에 서게 되면 아주 다행일
걸세.

박운은 그해 봄에 치러진 소과小科 회시會試에서 진사進士가 되어 금의환향한 터였다. 김취성은 거부했다. 박운이 병조참판 (종2품)이라는 고위직을 지낸 동향 인사의 높은 관직만 보고 실상을 제대로 보지 못한다는 판단 때문이었다. 그는 박영朴英(松堂, 1471~1540)이 태조산 아래 송당松堂에 은거하면서 강도講道한다는 소문을 들은 적이 있었다. 그렇지만 박영은 기껏해야 무과에 합격하여 선전관宣傳官을 역임한 무관일 뿐이었고, 1510년(중종 5) 삼포왜란三浦倭亂 때 조방장助防將으로 창원으로 출정한 군인일 뿐이었다. 그는 "한낱 무부武夫가 만학晚學한 것을 내가 어찌 경외하겠는가?"라며 박영을 낮추어 보았다.

박운과 김취성은 1510년(중종 5) 선산 향교에서 만나 교유한 이래 교계交契를 맺은 심우心友였다. 1492년생인 김취성이 박운보다 한 살 많았는데, 당시 두 사람은 28세, 27세의 청년이었다. 벗이 박영을 깔보는 듯한 태도를 보이자, 박운이 되받아쳤다.

> 젊은 사람들이 너무 고결한 것이 병통이라네. 정좌正坐하여 모름지기 이런 병통을 없앤 뒤에야 새로운 공력을 쌓을 수 있네. 우리가 그에게 나아가 사우師友로서 평생 동안 질의하는 것이 좋을 것이네.

얼마 전까지 같은 생각이었던 친구가 이렇게 박영을 감싸고

돌자, 김취성이 한 발 물러섰다. "자네 말이 진실로 그러하다면, 우리가 월파정에서 그를 모시고 강도講道해 보는 것도 한 방법일 것이네." 상그러운 봄바람이 불어오던 1519년 4월 13일, 세 사람은 유유히 흐르는 낙동강을 바라보며 오랜 세월의 풍상을 견뎌온 선산을 대표하는 정자인 월파정에 모여 날이 저물도록 학문을 논하고, 도학의 수행 방법에 대해 논란을 벌였다. 이십대 후반의 젊은이들이 질문하고 이제 49세의 나이로 초로에 접어든 박영이 주로 답변하는 방식이었다. 해가 서산으로 기울어 갈 무렵 의심처를 터득한 것에 잔뜩 고무된 김취성이 박운을 돌아보며, "자네가 아니었다면 내가 헛되이 살 뻔했네"라며 진정 어린 고마움을 전했다. 두 사람은 일어나 박영에게 절을 하면서 제자로 받아줄 것을 간청했다. 두 사람이 제자의 예를 깍듯하게 갖추자 스무 살 연상인 박영은 손사래를 쳤다.

우리가 서로 벗을 하면 되겠지만, 내가 어찌 그대들의 스승이
될 수 있겠는가?

이상의 내용은 박운의 아들 박연朴演(喚醒堂, 1529~1591)이 모은 선친의 「사우기문록師友記聞錄」에 의거한 기술로, 이 기문록은 박연의 문집 『환성당일고喚醒堂逸稿』에 수록되어 있다. 세 사람의 첫 만남에서 박영은 겸양의 태도를 보였지만, 사실 그는 이 자리

를 몹시 기대하고 있었다. 20여 년 전인 1500년(연산군 6) 스승 정
붕鄭鵬(新堂, 1467~1512)으로부터 김굉필金宏弼(寒暄堂, 1454~1504)의 도
학을 듣고 『대학大學』을 통해 득도한 그는 송당에서 강마하면서
점차 문명이 나기 시작했다. 그가 도학에 정통하다는 소문이 알
려지자 중앙 정계에서 한창 개혁운동을 벌여가던 기묘사림己卯士
林이 그를 관료로 발탁했다. 1514년(중종 9) 황간 현감에 임명되면
서 관직에 첫발을 디딘 그는 이후 일취월장했다. 그는 1516년(중
종 11) 강계 부사, 1518년(중종 13) 승지, 1519년(중종 14) 봄 병조참판
에 오르는 등, 고위직을 향해 내달렸다. 조광조趙光祖(靜菴, 1482~
1519)를 위시한 기묘사림들은 무관 출신 유학자로서 김굉필의 도
학을 전수받은 특이한 경력의 그를 병조의 차관에 임명하여 군권
을 맡길 속셈이었다.

그렇지만 그는 기묘사림의 급진 노선에 비판적이었다. 연소
한 신진新進들이 원대한 이상과 거창한 구호만을 믿고 너무 급격
하게 밀어붙인다는 판단 때문이었다. 당시 영수로 활약한 조광
조가 38세에 불과할 정도로, 개혁 세력들은 대부분 연부강건한
젊은이들이었다. 연산군 대의 난정亂政을 몸소 체험한 데다가 조
광조보다 10살 많았던 박영은 개혁 속도가 너무 빠르고, 이로 인
해 부작용이 적지 않음을 깨달았다.

사실상 1506년 중종반정中宗反正 이후 정국 주도 세력으로 부
상했던 훈척勳戚들은 왕실 세력과 긴밀하게 제휴하면서 권력을

확고하게 장악하고 있었다. 비록 일부의 개혁 세력이 중앙 관원으로 진출한 것은 사실이지만, 이들은 어디까지나 소수였다. 그의 스승 정붕이 반정 이후 성희안成希顔, 신용개申用漑를 비롯한 여러 벗들이 중앙으로 불러들였음에도 불구하고 한사코 거절한 까닭이 여기에 있었다. 웅혼하고 심원했던 스승마저도 청송부사직만을 수행하면서 중앙에 나아가는 것을 꺼릴 정도로, 기득권 세력의 영향력은 만만찮았다.

1512년(중종 7) 스승 사후 7, 8년이 지났지만, 상황이 변하지 않았다는 것이 박영의 판단이었다. 개혁의 강도가 강해지고 속도가 빨라질수록 왕실과 훈척세력, 그리고 기득권 세력의 견제 또한 심해졌다. 생각이 여기에 미치자, 그는 가능한 빨리 관직에서 물러나려 했다. 1519년 봄 그가 신병을 핑계로 관직을 과감히 벗어던졌을 때, 조광조를 비롯한 많은 동지들이 한강에서 그와의 이별을 아쉬워했고, 그의 풍도風度를 흠모한 수많은 젊은이들이 그를 보기 위해 한강으로 모여들었다.

막 진사가 되어 고향으로 내려가던 박운이 그날 한강 여사旅舍에서 그를 만났고, 두 사람은 동행하여 선산으로 내려왔다. 며칠 동안의 여행으로 흉금을 트는 사이가 되었을 때, 박운은 그에게 갑작스런 귀향 이유를 물었다. 충청도 음성 무극역 앞개울에 이르렀을 때, 박영은 조약돌을 주워 시 한 수를 급히 써 내려갔다. 시의 제목은 「낙상음洛上吟」(『松堂先生文集』, 권1)이다.

아직 봄은 멀었는데 버들가지 먼저 알고,

흰 눈 덮인 강산도 자연 섭리 속이지 못하네.

6년 동안 고요히 듣고자 해도 하늘은 오히려 묵묵하니,

어느 때 크게 눈떠 세상 기미 볼 수 있으려나?

無中春意柳先知　　白髮江山不欲欺

六載靜聞天嘿嘿　　何時刮目見幾微

　　박영은 박운에게 이 시를 보여 주고는 이내 물속으로 던져
버렸다. 훈척 세력들이 기묘사림을 호시탐탐 노린다는 일종의
암시였다. 관직 제수 이후 사은賜恩 차 궁궐에 도착한 스승이 홍
경주洪景舟가 찬성(종1품)으로 재직 중인 것을 보고 앞날을 예감하
고 몸을 사린 것처럼, 그 또한 기미를 알아차리고 정계 은퇴를 결
심한 것이었다.

　　박영은 평생 도학을 연구하여 실천하고 제자들에게 전수하
여, 지식인 사회가 새롭게 변모되기를 희망한 사람이었다. 그런
점에서 그는 관료보다는 교육자가 더 어울렸다. 그는 1518년(중종
131) 봄 승지로 재임하고 있을 때「백록동규해白鹿洞規解」를 지어,
성리학을 공부하는 방법과 절차에 대한 자신의 견해를 정리한 바
있었다. 『대학』을 평생 배움의 지침서로 삼았던 그는 이 무렵
『대학』의 최고 권위자로 알려졌고, 그에게 도학을 배우려는 제자
들이 몰려들었다. 서울 출신 지식인 박소朴紹(1493~1534), 임건任楗

이 대표적이었다. 박소는 1519년 문과에 장원으로 합격했고, 임건 또한 같은 해 진사에 합격한 재원이었다.

2년도 채 되지 않은 짧은 서울 생활 동안 그곳의 지식인 사회를 사로잡은 박영은 고향에서 본격적으로 강학 활동을 개시하려는 웅혼한 포부를 갖고 있었다. 이런 계획을 실현하기 위해서는 그와 더불어 토론하고 서로 절차탁마할 사우師友가 필요했다. 당시 그가 주목한 이들이 바로 김취성과 박운이었다. 며칠간의 여정으로 동지애를 느낀 그는 박운에게 그동안 가슴 깊이 품었던 속내를 드러냈다.

> 그대와 성지成之(김취성의 자)의 명성을 오래전부터 듣고 있었
> 습니다. 저는 그동안 현자賢者들을 맞이할 인연이 없었던 탓에
> 지금껏 그대들을 만나지 못했습니다. 지금 그대를 만났으니
> 아주 다행입니다. 제 뜻을 성지에게 전해 주어 한번 만날 수 있
> 게 해 주십시오.

박영의 학문적 깊이와 포부에 감화된 박운은 고향에 내려오자마자 김취성을 찾았다. 4월 13일 월파정 회동은 이렇게 해서 성사되었다. 이날 이후 김취성과 박운은 박영을 스승으로 모셨고 박영은 그들을 제자로 맞아, 세 사람은 이윽고 사우가 되었다. 세 명의 이날 회동은 박영이 정붕을 통해 득도한 이른바 '청산靑

송당(선산읍 신기리 소재)

山 대학大學’ 사건과 더불어 송당학파松堂學派의 개창을 알리는 중
대 사건이었다.

2. 송당학파의 기둥

송당과 김취성·박운의 관계는 1537년(중종 32) 박운이 고향 고촌에 서재 명경당明鏡堂을 건립하고, 스승을 비롯한 동문들을 초청한 시회詩會에서 잘 드러난다. 이날 '명경'이라는 당호堂號를 지어 준 친구 김취성이 먼저 헌시를 지어, 서재 건립을 축하했다.

바람이 지나가도 형색이 없고, 구름이 가도 자취가 비었네.
조용히 한 가지 일도 없으니, 천지天地가 모두 공功인 것은 일반
이네.
風過無形色　　雲行迹亦空
澹然無一事　　天地一般功

김취성이 공空 자와 공功 자로 시를 짓자, 송당이 차운시를 지었다.

형상이 있어도 있는 것 아니고, 형체가 없어도 빈 것이 아니다.
실實 가운데 실이 있음을 알고, 공功 바깥의 공은 찾지도 말라.
有象非爲有　　無形不是空
實中知是實　　功外莫尋功

초청을 받아 시회에 참석한 이언적도 두 글자를 차운하여 시를 지었다.

소리 있어도 잡기 어렵고, 구름 무심해도 공중을 덮네.
있고 없음이 누가 될 게 있나? 순일純一이 바로 진공眞功이라네.
有響還難捉　　無心却礙空
有無都不累　　純一是眞功

세 명의 고명한 도학자들의 헌시를 받은 박운은 감읍하면서 역시 차운하여 화답시를 남겼다.

원천源泉은 밤낮으로 흐르는데, 물 맑은 작은 연못은 비었구나.
만상이 함께 와 비추니, 특별한 공 있음을 알겠네.

명경당(해평읍 과곡리 소재)

源泉流日夜　　清澈小潭空
萬象咸來照　　方知別有功

　끝으로 김취성이 다시 별운別韻의 시를 지어 시회를 마무리
했다.

　앞을 보아 보임이 있는 것이 진견進見이요, 뒤가 편해도 편치 않
는 것이 득안得安이다.
　명경수明鏡水 흘러 하해河海 넓으니, 바람도 물결도 고요한데 말
하려니 어렵구나.
　見前有見能眞見　　安後無安是得安

明鏡去了河海闊　風恬波靜欲言難

　　박운의 아들 박연은 선친의 문집 『용암집龍巖集』을 편찬하면
서 위 김취성의 별운에 대해 "작은 것을 보고 큰 것을 생각하는
것은 극지極地에 이른 것이다. 말하려 하지만 하기 어려운 것은
곧 맹자의 소난언所難言이다. 주옹主翁(박운)께서 진지眞地에 득도
得到한 탓에 진락당(김취성)이 위와 같이 말씀하셨다"라고 조심스
럽게 평했다.

　　박영과 이언적, 김취성과 박운 등 네 사람이 주고받은 위 시
는 당대 학자들의 성리학에 대한 최고 이해 수준을 보여 준다. 김
취성과 박운은 스승 송당뿐 아니라 당대의 관료학자 이언적李彦
迪(晦齋, 1491~1553)과도 사우로 교유했던 송당의 고제 가운데서도
수위에 위치한 제자들이었다.

　　김취성과 박운은 10대 후반 선산 향교에서 만나 교류한 이래
송당을 스승으로 모셨고, 1540년(중종 35) 스승 사후 송당학파의
명맥을 이어 간 동지였다. 도학에 대한 열정, 인간에 대한 애정,
사회를 개혁하려는 열의 등 많은 측면에서 두 사람은 일치했다.
하루는 김취성이 처가 성주 팔거에 갔다가 돌아오던 길이었다.
그는 추운 겨울 북풍한설에 몸을 가릴 옷이 없이 추위에 떨면서
죽어가는 한 기민을 만났다. 그를 가련히 여겨 가슴 아파 하던 김
취성은 입고 있던 옷을 벗어 주었다. 이 소문을 들은 제자들이 스

승의 도덕심과 선행에 감탄하자, 그날의 절박했던 상황을 되새기던 그는 "내 벗 택지澤之(박운의 자)도 그렇게 하고 남았을 것이다"라고 대답했다.

하루는 처사處士 이문홍李文洪이 박운에게 "성지(김취성) 씨가 만약 공보公輔의 지위에 오른다면 세상을 태평하게 할 수 있을 것입니다"라며 김취성을 높이 평가했다. 그러자 박운은 "성지의 가슴은 아주 맑고 밝지요(虛明)"라며 맞장구쳤다. 가난하고 굶주린 사람들에 대한 애틋한 마음, 그들을 돌봐 주어야 한다는 책임감, 세상을 변화시켜 태평성세를 만들려는 담대한 포부 등이 두 사람을 더욱 굳센 망형우忘形友로 만들었다. 1551년 김취성 사후 박운이 평소 두 사람이 나누었던 대화를 회상하는 부분에서, 두 사람의 우정의 깊이를 엿볼 수 있다.

서산西山(김취성의 별호)께서는 일찍이 "우리 두 사람이 서로 의지하고 있다. 그러니 먼저 죽는 자는 다행일 것이고, 뒤에 죽는 자는 슬플 것이다"라고 말씀하셨습니다. 지금 과연 그러합니다. 서산과 저는 어렸을 적에 심계心契를 맺었지만 제가 게으른 탓에 백에 하나도 소득이 없었습니다. 서산이 지도하고 장려했던 공로를 제가 어찌 잊을 수 있겠습니까? 예전에 서산과 함께 송재松齋(박영)의 장례에 다녀오다가, 풍연風煙이 참혹하여 서로 울면서 조상弔喪한 적이 있습니다. 이제 제가 서산

의 뒤에 죽게 되어 또 지금의 고통을 얻게 될 줄 어찌 알았겠습
니까?

『용암집』, 권2, 「여김문지서與金文之書」(1551)

두 제자에 대한 스승의 기대도 아주 컸다. 아래는 두 고제에
대한 박영의 평가이다.

성지는 식견이 고명高明하고 도道를 보는 것이 아주 정밀하다.
그가 일생 동안 힘써 온 것을 보면 실로 '일세一世의 진유眞儒'
라 할 만하다.

택지는 선을 즐기고, 의義를 좋아하고, 아주 깊이 도道를 닦는
다. 훗날 오도吾道를 맡을 책임이 이 사람 아니고 누구에게 있
겠는가?

고명한 학자를 스승으로 모시고 도학자의 삶을 실천했던 두
고제의 노력으로 송당학파는 선산뿐만 아니라 경상도의 인근 지
역으로, 그리고 경기도와 서울로까지 확대되었다. 『송당집松堂
集』에 수록된 그의 문인은 모두 16명인데, 이들을 지역별로 분류
하면 다음의 표와 같다.

지역		【표 1】송당학파의 문인들과 거주 지역	인원
경상도	선산	김취성, 박운, *김취문金就文, 노수함盧守諴, 최응룡崔應龍, 길면지吉勉之, 최해崔海, 최심崔深	8명
	경상도	신계성申季誠, 권응인權應仁	2명
서울 · 경기, 기호		성운成運, 박소朴紹, 박집朴緝, 임건任楗, *안명세安名世	5명
호남		이항李恒	1명

비고: 인명에 밑줄 친 사람은 학파의 창시자(成運一大谷學派, 李恒――齋學派).
인명 앞에 *를 표기한 사람은 을사사화 당시 피화자被禍者.

송당 문인들은 「문인록門人錄」에 수록된 16명보다 훨씬 많았
다. 임진왜란 당시 선산이 일본군의 점령으로 쑥대밭이 된 이후
그의 유고들이 모두 소실된 탓에, 그의 학문적 면모나 교유의 흔
적을 확인하기 어렵다. 다행히 용암 집안에 보관한 박운의 유고
들이 보존되어, 17세기 중반『송당집』간행 당시 「문인록」의 근
거 자료가 되었다. 그런 점에서 송당 문인에 대한 면모는『용암
집』에 소재한 「사우문인록師友門人錄」에 의거하여 추론하는 것이
좀 더 정확하다고 생각된다. 박운의 「사우문인록」에는 그가 스승
으로 받들던 박영, 이황李滉을 포함하여 모두 44명의 이름이 수록
되어 있다. 이들 대부분은 송당의 제자이거나, 친구 김취성과 함
께 교유했던 인물들, 그리고 그에게 수학한 제자들이다. 이들과

서산재(고아읍 원호리 소재)

교유한 인물로 짐작되는 이들로는 송희규宋希奎(倻溪, 1494~1558), 김진종金振宗(新齋, 1496~1557), 박광우朴光佑(華齋, 1495~1545), 유공권柳公權, 허백기許伯琦(三松, 1493~?), 도균都勻, 도형都衡(杏亭, 1480~1547) 등이 있었다.

송당의 제자 가운데 그를 가장 빼닮은 이는 김취성이었다. 그는 스승으로부터 『대학』과 『중용中庸』을 배웠으며, 스승이 가르쳐 준 '무극태극無極太極의 묘리妙理'를 평생의 존양성찰存養省察의 요점으로 삼아 공부했다. 그는 스승과 마찬가지로 『대학』을 중시했다. 그에게 『대학』은 '근본을 정하는' 필요불가결한 경전이었다. 그가 박운에게 아들 박호朴灝를 공부시키는 방법으로 "모름지기 『대학』을 먼저 읽어 근본을 정한 다음, 『논어論語』와 『맹자孟子』를 읽고, 다른 책으로 차차 나아가야 한다"(『眞樂堂先生文集』, 「與朴澤之書」)라고 지적한 데서 그런 사정을 읽을 수 있다.

그는 경敬을 위주로 하여 정좌靜坐한 채 학문에 임하는 것(主靜涵養)을 도학의 본령으로 삼았다. 이와 같은 독실한 수행 끝에 그는 바깥세상(外界)의 유혹에 흔들리지 않았고, 말을 빨리 하거나 안색을 갑자기 바꾸지 않는 경지에 이르렀다. 이런 모습을 지켜본 많은 사람들은 그를 "신선 우러러보듯 했다." 그는 "성학聖學을 밝히고 이단을 물리치는" 것을 자신의 책무로 여긴 도학자이기도 했다.

그는 교육자로 명성을 떨쳤다. 경전을 배우고 도학을 묻는

학자들로 "좌우에서 그를 모시는 자들이 수백 명이나 되었고", "출입하는 빈붕賓朋들은 모두 '한 시대의 명류名流들' 이었다." 그의 명성이 이러했기 때문에 도학을 배우고자 하는 수많은 인재들이 그의 문하로 몰려들었다. 그 가운데 홍인우洪仁佑(恥齋, 1515~1554)도 있었다. 그는 결핵을 심하게 앓고 있던 1542년(중종 37) 3월 하순 김취성을 방문했다. 병 치료를 겸하여 그의 제자가 되기 위함이었다. 선산 도착을 앞두고 그는 김취성에게 편지를 보냈다.

> 옛날 서울에 있을 때 영명令名을 흠모하여 문하門下로 나아가려 했습니다. 제가 어렸을 때부터 가져왔던 포부를 질문하려는 이유 때문입니다. 지금 제가 가까운 곳에 와 있으니 평소의 뜻을 얻을 수 있으면 다행이겠습니다.…… 저의 이번 방문은 육체의 병(身疾) 치료뿐 아니라 마음의 병(心疾)을 고치는 방법을 얻고자 하는 것입니다.

얼마 뒤 홍인우가 들성에 도착하자, "그때 '공公' 이 문밖으로 나와 그를 맞아 서산재로 인도했다." 그는 마치 "신선을 만난 기분이었다." 다음은 김취성에 대한 홍인우의 평이다.

> 공은 곧 송당松堂 박 선생의 고제高弟로 송당에게서 의학과 심학心學을 배웠다. 여러 차례 과업科業에 실패했지만, 요사夭死

한 사람들을 많이 구제하여 작은 시혜나마 조금이라도 더 끼쳐 주셨다. 공부 방법을 질문했더니, 말씀하시는 것 모두가 상달처上達處에서 공부하는 것을 위주로 하셨다. 일찍이 송당이 이것으로 사람들을 가르쳤다는 말을 들은 적이 있는데, 지금 들어보니 공의 말씀도 과연 한 가지였다.

이상 『진락당선생문집』,

「제현기술諸賢記述 · 홍인우일록洪仁佑日錄」

홍인우의 기록에서 확인할 수 있듯이, 그는 의술에 정통하여 수많은 병자들을 치유한 명의였다. 이 때문에 그의 주변에는 병 치료를 위해 몰려드는 수많은 병자들, 기민들로 붐볐다. 그가 구제한 병자들이 "수천 명이나 될" 정도였다. 명의로서의 이와 같은 명성은 사실상 박영의 영향이었다. 『명종실록』에는 1546년(명종 21) 윤10월 홍문관弘文館 교리校理에 임명된 동생 김취문金就文에 관한 사관의 인물평이 있는데, 여기에는 스승 박영과 형 김취성에 대한 다음과 같은 설명이 있다.

김취문은 선산 사람으로 김취성의 동생이다. 사람 됨됨이가 온아했는데, 박영에게 수학했고, 형(김취성)에게 훈육을 받아 얻은 것이 많았다.…… 취성의 학문 역시 박영에게서 나왔다. 그는 과거를 일삼지 않고 성리학에 침잠하여 성학聖學을 탐구

했으며, 의약醫藥과 복서卜筮(점술)에도 아주 정밀하고 밝았다. 박영도 선산 사람인데 젊어서는 방탕하여 공부를 하지 않고 오직 무술만 숭상하여 약관에 무과에 올랐다. 무관직을 그만 두고 10년간 숨어 살면서 독실하게 배우고 힘써 행했으니, 참으로 호걸지재豪傑之才였다. 또한 그는 천문, 지리, 의약, 복서에 이르기까지 정통하지 않은 것이 없었다.

의약, 점술, 천문, 지리 등 잡학에 정통했던 스승을 닮았던 그는 의학, 점술 등에도 일가견이 있었다. 이와 같은 재능을 크게 인정한 박영은 "자네의 재주는 고인古人들 아래 있지 않네"라며 칭찬을 아끼지 않았다. 송당이 가장 신임했던 제자 김취성의 명성은 날이 갈수록 높아졌다. 이런 명성 속에 그는 1540년(중종 35) 7월 형조판서 김정국金正國과 대사성 이언적李彦迪에 의해 일사逸士(遺逸)로 천거되었다. 실록에 따르면 당시 33명의 재상급 관료들이 추천한 전국의 유일遺逸은 모두 44명이었다.

이들 가운데는 단 한 번만 추천된 경우가 대부분이었지만, 두 차례 이상 추천된 이들도 적지 않았다. 가장 많이 추천된 이들은 성수침(6차례), 권습·유인선(이상 3차례), 남세빈·김취성·신덕응·조식·정기(이상 2차례) 등이었다. 성수침成守琛, 김취성, 조식曺植 등은 16세기 전·중반 당대를 대표하는 성리학자라는 점에서, 이들의 추천 사유는 명확했다. 한 차례 추천된 이들 가운데

서도 서경덕徐敬德, 이희안李希顔 같은 당대 명망가들이 있었고, 유정柳貞, 김대유金大有, 이부李阜 등 '기묘현량과己卯賢良科' 출신 들도 다수 포함되어 있었다. 이때 추천된 이들 가운데 서경덕과 조식은 이후 화담학파花潭學派와 남명학파南冥學派를 창도, 16세기 중·후반 유종儒宗으로 추앙받았다. 그런 점에서 이들은 학행이나 선행으로 지역사회에서 인정받거나, 당대 성리학을 대표하던 이들이었다.

송당의 고제 가운데는 김취성이 유일하게 김정국과 이언적의 추천을 받은 것으로 미루어, 1540년 봄 박영 사후 송당학파를 사실상 이끌어 간 인물이 바로 그였음을 짐작할 수 있다. 그에게는 "수백 명이나 되는" 제자들이 있었지만, 그에 관한 자료들이 대부분 유실된 탓에 정확한 실상을 파악하기 어렵다. 지금까지 확인되는 제자들로는 동생들(就器, 就研, 就鍊, 就文, 就彬), 박운의 자제들(灝, 演), 강경선康景善·강유선康惟善 형제를 비롯한 선산의 유학자들, 성주의 김희삼金希參(金宇顒의 부친), 이원경李遠慶, 그리고 홍인우 등이 있다.

그에 대한 제자들의 존경심을 김희삼(七峰, 1507~1560)의 존숭을 통해 살펴보도록 하자. 성주 출신 김희삼은 1531년 생원이 된 뒤로 김취성의 문하에 들어가 본격적으로 도학에 침잠했다. 1540년 그가 문과에 급제했다는 소식을 들은 스승은 축하 편지를 보내어, 관직 생활과 더불어 중단 없는 도학공부의 병행을 당부했다.

> 본원本源을 함양涵養하는 공부는 중간에 끊어지기 십상이다.
> 다만 간단間斷했다는 것을 깨달아 서로 이어, 이것으로부터
> 분발한다면 접속이 오래될 것이고 자연스럽게 천리가 밝아질
> 것이다. 이것을 가지고서 논란論難하는 말의 묘를 대하기를
> 원한다.

김희삼은 스승의 편지를 금과옥조처럼 여겨, 벽에 붙여 두고
항상 자신을 성찰하는 자료로 삼았다.(이상『東岡集』,「先君子七峯先生
遺事」)

송당의 고제이자 그의 망형우 박운도 열정적으로 제자들을
양성한 도학자였다. 그의 제자들 가운데 현재 확인되는 이들은
최응룡崔應龍, 길겸吉謙, 노수함盧守諴, 강경선·강유선 형제, 허충
길許忠吉, 노기盧麒, 최해崔海·최심崔深 형제, 이사온李思溫 등이 있
다. 강경선 형제의 사례처럼 이들 가운데는 원래 김취성에게 수
학했다가 다시 박운의 제자가 된 사람들이 적지 않았다. 김취성,
박운의 제자들 가운데 다수는 훗날 박영의 문하에서 공부를 이어
가기도 했다. 김취성의 제자 김취문, 박운의 제자 최응룡, 노수
함, 최해, 최심이 그런 경우였다. 강경선 형제와 김취문이 김취성
의 문하에서 공부를 시작한 것은 7·8세~11세였고, 김취문이 송

당 문하로 들어간 것은 20세였다. 이런 사실은 당시 선산에서 김
취성과 박운이 제자들의 기본 교육을 담당하고, 이들의 추천을
받은 제자들이 송당의 문인으로 재입문한 것으로 보인다.

　도학자 김취성과 박운은 사림파士林派 계열의 관료들과 정치
적으로 견해를 같이 한 개혁 성향의 인사들이었다. 이들과 사우
관계를 맺었던 이언적과의 교유, 김취성이 김정국과 이언적의 추
천으로 유일로 천거된 것 등에서 사림파와의 관련성을 엿볼 수
있다. 대부분의 사림파 관료들처럼 이들도 1544년 12월 중종中宗
(치세 기간 1506~1544) 사후 조선 제12대 국왕으로 즉위한 인종仁宗(치
세 기간 1544~1545)을 태평성세를 가져다 줄 성군聖君으로 기대했다.

　그렇지만 새 왕은 즉위한 지 8개월 만인 1545년 7월 급서했
고, 그 뒤를 열두 살 난 이모제異母弟 명종明宗(치세 기간 1545~1567)이
이었다. 이후 정치적 광풍이 조선 전역을 강타하면서, 사림파의
기대는 산산조각이 나고 말았다. 1545년 8월 하순 문정왕후文定王
后를 필두로 윤원형尹元衡, 이기李芑, 정순붕鄭順朋 같은 소윤小尹
세력에 의해 인종의 인척과 추종 세력인 대윤大尹 세력이 일망타
진되는 을사사화乙巳士禍가 발발했기 때문이다. 1544~1545년 중
종의 서거 이후 명종의 즉위로 이어지는 당시 정국에서 중앙 정
계가 숨 가쁘게 돌아가고 있을 때, 이들의 정치적 입장이 어떠했
는지를 몇 가지 일화를 통해 살펴보자.

　박운은 개령에 있던 농장에서 고향 고촌으로 돌아가다가 인

종의 급서 소식을 들었다. 청천벽력 같은 소식을 들은 그는 정확한 사정을 알기 위해 들성(狐池)으로 급히 말을 달렸다. 그곳에서 그는 장인상丈人喪을 치르기 위해 처가에 있던 송희규를 만나 자초지종을 들었다. 이후 두 사람은 "북쪽을 향해 곡을 하면서 아주 애통해했다." 당시 부친 김광좌金匡佐의 상을 당해 거상居喪 중이던 김취성·김취문 형제는 문밖출입을 삼가고 있었다. 그렇지만 이들 형제 또한 친구(혹은 선배)나 처남(혹은 자형)과 심정이 같았을 것으로 여겨진다.

박운은 평생토록 인종에 대한 단심丹心을 갖고 있었다. 그는 "인종의 국기일國忌日이 되면 반드시 하루 종일 소식素食하면서" 그를 추모했다. 이들에게 성군 인종은 무너져 가는 조선을 바로 세울 수 있는 유일한 군주였지만, 조선 500년 역사상 최단명한 불운의 군주이기도 했다.

1545년 8월 22일 을사사화가 발발한 당일, 사헌부司憲府 집의執義로 재직 중이던 송희규는 '문정왕후의 밀지'를 받들어 물밑에서 용의주도하게 움직였던 대사헌 민제인閔齊仁과 대사간 김광준金光準(?~1553)을 강하게 성토하면서, 양사兩司 관원들의 반대 움직임을 이끌었다. 이때의 처신이 문제가 되어 그는 1547년(명종 2) '양재역 벽서 사건'이 터졌을 때 전라도 고산으로 귀양 가게 되었다.

송희규가 처벌된 것은 상주 출신 문관 김광준과 평소 불화했기 때문이었다. 두 사람은 1519년(중종 14) 기묘별시己卯別試에서 동방 급제한 친구 사이였지만, 이후 정치적·사상적 행로를 달리 하면서 견원지간犬猿之間이 되었다. 송희규가 김광준의 무고로 피해를 입었다는 소식이 전해지자, 박운은 저녁 달빛 아래서 마당을 서성거리다가 이따금씩 울면서, "수예守藝(김광준의 자)는 어찌 죽음을 애석하게 여기지 않는가?"라며 길게 탄식했다.(『喚醒堂逸稿』, 「師友記聞錄」) 명종 즉위 이후 정변이 발발하면서, 충역忠逆이 나뉘고 선악으로 갈리는가 하면, 한때 친구였던 김광준이 동료를 사지로 몰아넣고, 단심으로 가득 찼던 선인善人 송희규가 귀양 가는 참담한 일들이 벌어진 것이었다.

박운은 성군 인종을 향한 뜨거운 단심을 가졌고, 목숨을 내놓고 사화를 반대했던 친구 송희규의 강단 있는 행동을 칭송했으며, 문정왕후와 소윤 측에 가담하여 선류善類들을 사지로 몰아넣은 변절자들을 증오했다. 김취성도 동일한 상황 인식을 공유했을 것으로 여겨진다. 더구나 동생 김취문은 인종의 총신이었고, 처남 송희규는 사화를 반대했다는 이유로 귀양살이를 하는 몸이 되었다. 한창 가세가 뻗어 가던 그의 가문의 입장에서 보면, 을사사화는 막대한 피해를 가져다 준 가화家禍였다. 이 사건의 충격으로 그는 엄청난 정신적·육체적 고통에 시달렸고, 마침내 몸져눕게 되었다.

3. 선산김씨의 중흥조

스승 박영의 뒤를 이어 도학자이자 교육자, 의사로서 명성을 떨친 김취성은 가업을 일으킨 중흥조이기도 했다. 아버지 김광좌(1466~1545)와 어머니 선산임씨(호군 林斌의 여식) 사이에서 태어난 6남 3녀의 맏이였던 그는 다섯 명의 동생들을 건사하고 가르쳐 모두 이름난 선비들로 만들었다. 그는 고향 들성(坪城)에 서산재西山齋를 축조하여, 다섯 명의 형제들과 더불어 밥을 같이 먹고, 한 이불에서 잠을 잤다. 형제가 모두 서로 경애敬愛한 탓에 "그의 집을 방문하는 사람들이 형제의 우애를 보고 모두 놀랄" 정도였다.

그의 동생들 가운데 첫째 김취기는 귀후서歸厚署 별제別提가 되었고, 셋째 김취련은 생원, 넷째 김취문은 문과를 거쳐 홍문관

서산 세덕사 유허지

부제학이 되었고, 다섯째 생원 김취빈은 후릉厚陵 참봉參奉이 되
었다. 첫째 동생 취기는 아주 의연하여 고상했고, 둘째 동생 취연
과 셋째 취련은 문한文翰이 있었으며, 넷째 취문은 "청덕아망淸德
雅望으로 일세一世를 움직였고", 막냇동생 취빈은 예제禮制로 이름
을 날렸다. 동생들이 모두 이렇게 성공한 것은 모두 맏형 김취성
이 그들의 능력에 따라 성취할 수 있도록 계도한 덕분이었다.

　김취성은 성주 속현인 팔거 웃갓에 거주하던 첨사 도의문都
義文의 여식과 결혼, 딸 하나를 낳았다. 딸은 이준경李遵慶(광주이
씨, 李德符의 아들)에게 시집을 갔는데, 그녀의 손자는 공조 참의 이

윤우李潤雨(石潭, 1569~1634)였다. 그의 재산은 무남독녀를 비롯해서 양자養子 및 양손養孫 등 3명에게 상속되었는데, 훗날 칠곡에 세거한 광주이씨가 영남을 대표하는 명벌名閥로 성장하는 경제적 기반이 되었다. 아들이 없었던 그는 조카 생원 김절金節(김취기의 아들)을 양자로 삼았다. 그 또한 요절하자, 그의 가계는 다시 양손養孫으로 이어졌다.

김취성이 속한 선산김씨는 고려 말 개경에서 사환하던 광주목사 화의군和義君 김기金起를 입향조로 한다. 그는 역성혁명이 한창 진행되던 고려 말 정치적 대혼란을 피해 처가인 선산으로 낙향하여 충절을 지킨 인물이었다. 장인은 선산 북쪽 주아에 살던 김원로金元老였다. 고려 말 충신으로 잘 알려진 김주金澍가 그의 아들로, 김기와 김주는 처남·매부 간이었다. 김가명金可銘(김산 군사), 김유찬金有瓚(정평 부사), 김제金磾(내금위) 등 독자로 줄곧 이어진 이 가계는 15세기까지만 해도 족세가 번창하지 않았다. 그런 이유에서 김가명~김유찬에 이르는 시기 이 가계의 거주지는 잘 알려져 있지 않다. 거주지 확인이 가능한 이는 김제이다. 그는 선산 동면의 고남에 거주했고, 장자 김광필金匡弼이 그의 터전을 이어받아 계속 그곳에 거주했다. 반면 차자 김광보金匡輔와 삼자 김광좌는 처가를 따라 각각 남면 도량과 들성으로 이주했다.

김제의 아들 3형제 가운데 가장 번성했던 가문은 김광좌 가계였다. 임빈(선산임씨)의 사위가 되어 들성으로 이주한 그는 무남

문성지에서 바라본 들성 전경(고아읍 원호리 소재)

독녀였던 부인의 전 재산을 물려받아 경제력이 크게 신장되었고, 아들 6형제(취성, 취기, 취연, 취련, 취문, 취빈)가 모두 현달함으로써, 이후 선산을 대표하는 명족이 되었다. 이후 그의 제5자 김취문 가계(이하 문간공파)의 후손들이 들성을 사실상 지배하게 되면서, 들성은 곧 선산김씨 문간공파文簡公派의 세거지가 되었다.

들성 입향조 김광좌는 선산에서도 손꼽히는 대부호였다. 장남 김취성이 1549년(명종 4) 딸 이실李室(이준경의 처)과 양자(金節) 그리고 양손에게 상속한 분재기分財記에 따르면, 그와 아내(도씨)가 보유한 재산은 노비 63구, 전답 683 두락(±), 기와집 2채, 창고 16 개였다. 당시 재산은 남녀균분男女均分 방식으로 상속되었다는 점에서, 그와 아내 도씨는 거의 같은 규모의 재산을 보유했다고 볼 수 있다. 이렇게 가정할 경우, 부친 김광좌로부터 물려받은 그의 재산은 노비 31구, 전답 350두락, 기와집 1채, 창고 8개 정도였다. 부모의 전 재산이 9남매에게 동등하게 분배되었다고 추정할 경우, 김광좌·임씨 부부의 전 재산은 노비 279구, 전답 3,150두락, 기와집 9채, 창고 72개 정도였다. 보유 전답만 해도 63만 평에 이르는 엄청난 규모였다.

김광좌 김취성·김취문 형제 대에 이르러 사실상 들성의 주인이 된 선산김씨는 이후 선산을 대표하는 명문으로 성장해 갔다. 17세기 전반 산림山林으로 한 시대를 풍미했던 대학자 장현광 張顯光(旅軒, 1554~1637)은 선산김씨에 대해서 다음과 같이 평가하고 있다.

내 일찍이 들으니, 일선一善 남쪽 마을에 진락당 김 선생이 사셨는데, 참다운 말씀을 송당 박 선생에게 전수받아 마침내 진유眞儒가 되어 도를 지키고 몸을 마쳤다. 일시에 동생들도 모두 명망이 있는 사람이 되었으며, 친족으로 뒤에 태어난 자들 또한 자못 의로운 방법을 안다 하였다.
『여헌집』,「증가선대부贈嘉善大夫 호조참판戶曹參判 겸동지의

문성생태공원(옛 호지, 고아읍 문성리 소재)

금부사兼同知義禁府事 김공지묘갈병명金公之墓碣幷銘」

들성은 예로부터 선산임씨, 신천강씨를 비롯한 선산의 세족
世族들이 거주하던 부유한 마을이었다. 그 중심에 호지狐池가 있
었다. 호지(야시못 혹은 여우못)는 조선 초기 정부 주도의 권농정책
勸農政策에 힘입어 축조된 저수지로서, 관개 면적이 240여 결(약 2
백만 평)에 달하는 초대형 저수지였다. 경상도에서 호지보다 더 큰
저수지는 상주의 공검지가 유일했다. 더 넓은 호지의 수리 혜택

을 입은 들성은 선산에서 최상의 농업 조건을 자랑했다. 17세기 초반 간행된 『일선지一善志』에는 "(호지) 못 안 민가들이 은부殷富하고, 관개 이득을 많이 본다"라고 특기할 정도였다.

1540년 송당 사후 송당학파의 명맥을 잇는 데 혼신의 힘을 다한 김취성은 1550년(명종 5) 10월 13일 향년 59세를 일기로 세상을 떠났다. 1549년(명종 4)에 분재기를 작성한 것으로 보아, 그는 오랫동안 투병 생활을 한 것으로 보인다. 그의 병환은 1545년 여름 부친 사망 이후 치른 삼년상, 그리고 그해 가을 발발한 을사사화의 충격에서 직간접으로 기인했다. 부친상을 치르면서 몸이 쇠약해진 데다가, 사화 발발로 당시 집의로 재직 중이던 두 살 손아래 처남 송희규가 피해를 입는 등 그의 집에는 내우외환이 찾아들었다. 이때의 충격으로 심신이 극도로 쇠약해진 그는 삼년상이 끝난 1547년 겨울 이후에는 병환에서 회복될 수 없었다. 그는 결국 4년이라는 오랜 투병 생활 끝에 1550년 10월 서거하고 말았다. 망형우 박운은 제문에서 그를 다음과 같이 추모했다.

자질이 순수하여 학행으로 세상을 구제했네.
날로 고명高明들을 사귀어 표리表裡를 깨달았네.
일찍이 낙훈洛訓(송당)을 계승하여 넓고 큰 곳으로 돌아갔네.
체용이 혼원渾圓하고 동정에 어김이 없었네.
효제가 순성純誠하고 후학의 사범(範範)이 되었네.

김취성 유허비

임천에 숨어 지냈지만 명성이 날로 높아졌네.

풍문자風聞者는 복종하고, 덕을 본 자들은 기뻐했네.

어버이 치료할 제 몸소 제약製藥했고, 남에게 미쳐 천만 사람

생명을 구했네.

무위無位로도 은택을 끼쳤으니 옛날 사람도 짝하기 어려웠네.

자질子姪들의 현능, 동생들의 밝음, 인교仁敎는 부드럽고 온화

하며 원만했네.

덕은 있었지만 관직이 없었으니 백성들에게 어찌 복이 있었겠

는가?

제2장 구암 김취문

1. 사림파 관료[1]

1) 인종仁宗의 총신寵臣

김취문은 들성에서 1509년 아버지 김광좌金匡佐(1466~1545)와 어머니 임씨林氏(1473~1552) 사이에서 6남 3녀 가운데 5남으로 태어났다. 그를 비롯한 6형제가 모두 대성하고, 3명의 누이 또한 선산을 비롯한 인근 고을의 명문과 결혼함으로써, 이 무렵 그의 가문은 선산을 대표하는 명문으로 부상하고 있었다. 그는 다른 손위 형들과 마찬가지로 10여 세가 되었을 때 맏형 김취성에게 공부를 배웠다.

"천성이 명민했던" 그는 20세 전후에 맏형의 추천으로 송당

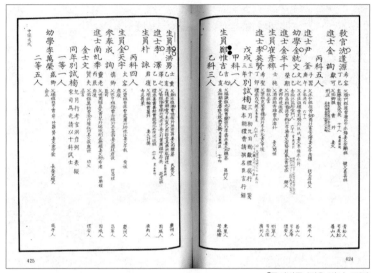

『문과방목』(정유 별시, 1537)

문하로 나아가 성리학을 본격적으로 연마했다. 송당이 어느덧 예순을 바라보던 시기였다. 그는 스승과의 첫 만남에서 '존양성 찰存養省察'의 방법을 질의하여 가르침을 받았고, "깊고 정밀하게 계오契悟하여" 스승으로부터 큰 칭찬을 받았다. 이러한 자질로 인해 그는 송당 문인 가운데 비교적 어린 나이에도 불구하고 고제로 인정받았다.

그는 29세가 되던 1537년(중종 32) 10월, 정유丁酉 별시別試에서 전책관殿策官 김정국金正國의 방방 아래에서 병과丙科 2인으로, 선발 인원 9명 가운데 여섯 번째 성적으로 합격했다. 동방同榜으

김취문 시비 「관동을 유람하다」(강원도 도사 재직 시)

로는 심통원沈通源 · 심봉원沈逢源 형제, 서구연, 김순, 윤부, 김반
천, 최언수, 이영현이 있었다.

　그는 교서관校書館 정자正字에 임명되어 관직의 첫발을 내디
뎠다. 이후 시강원侍講院 관원으로 재직하면서 왕세자 이호李峼를
보도輔導하는 역할을 맡았다. 이때의 인연으로 훗날 인종仁宗이
된 왕세자는 그를 '명유名儒' 라 칭하면서 마음속 깊이 존경했다
(心契). 형조 좌랑과 예조 좌랑을 역임한 그는 33세가 되던 1541년
(중종 36), 연로한 부모를 위해 걸양乞養을 신청하여 비안 현감이
되었다. 그로부터 4년 뒤인 1544년(중종 39)에는 강원도江原道 도사

都事에 임명되었다.

그해 11월 중종中宗이 승하하고 새 군주 인종이 즉위한 지 한 달가량 지난 12월 중순, 그는 복제服制 관련 예소禮疏를 올려 중앙에 파란을 일으켰다. ① 삼년상三年喪은 천자天子부터 서인庶人에 이르기까지 모두 지내는 통상通喪이기 때문에 국왕도 삼년상을 거행해야 한다, ② 중국 송나라 효종孝宗의 예에 따라 국왕도 삼년 동안 베옷(布衣)과 베관(布冠)을 입고 국정을 돌보아야 한다, ③ 상중에는 백관들의 하례賀禮를 받지 말아야 한다는 내용이었다. 즉위 이후 전례에 따라 길복吉服을 입고 하례를 받은 인종의 행위를 비판한 것이었다.

세자 시절 시강원 관원이었던 김취문의 상소가 올라오자, 인종은 "망극한 중에 내가 자세히 살피지 못해 이런 잘못이 있었으니, 아주 부끄럽다"라며 자책하는 한편, 삼정승과 대제학을 비롯한 문한文翰 담당관들에게 전고典故를 조사할 것을 지시했다. 이튿날인 12월 14일 좌의정 홍언필洪彥弼, 우의정 윤인경尹仁鏡, 대제학 정옥형丁玉亨은 유인숙柳仁淑, 신광한申光漢, 임백령林百齡 등과 더불어 이 문제를 논의했다. 이들은 사왕嗣王이 길복을 입고 백관의 하례를 받는 것은 중국 주나라 이래 전통이기 때문에 국법과 다르지 않다는 결론을 내렸다. 다만 국왕의 삼년상 주장은 송나라 소식蘇軾의 견해이고, 김취문의 주장 또한 여기에 근거한 것이라고 이해했다. 인종은 국왕이 삼년상을 지내야 한다는 원

칙론을 인정하면서도, 재상들이 제시한 전례 또한 잘못되지 않았다며 절충을 시도했다.

김취문의 상소는 국왕도 서인庶人과 마찬가지로 삼년상을 거행해야 한다는 당위론을 주장한 최초의 견해라는 점에서, 조선 예학사禮學史에서 주목되는 사건 가운데 하나였다. 그렇지만 그 동안 준용해 온 『국조오례의國朝五禮儀』를 비롯한 국법에는 이런 규정이 없었다. 당시 사회가 아직까지 성리학적 예제禮制를 실현하기 위해 노력하던 사회가 아니었기 때문이다. 이런 이유에서 성리학에 근거하여 상례喪禮를 준수해야 한다는 그의 주장은 하나의 해프닝으로 끝났다. 그렇지만 이 사건으로 그는 단번에 주목받는 예론가禮論家로 떠올랐다. 이 사건은 이후 사림파 관료들 사이에서 두고두고 회자되었다. 그로부터 23년이 지난 1566년(명종 21) 4월 그가 의정부議政府 사인舍人이 되었을 때, 그에 대한 사평史評에서 그런 사실을 확인할 수 있다.

> 강직하고 방정하며 지조가 있어 고을을 잘 다스렸다. 깨끗하
> 고 간략하여 번잡하지 않았다. 인종 초 강원도 도사가 되어서
> 는 소를 올려 (국왕이) 하례 받은 실책을 논했다. 인종이 "내가
> 아주 부끄럽게 여긴다"고 하셨다.

새 군주의 치세가 시작되면서 그의 앞길은 양양했다. 시강

원 관료로서 왕세자의 학문 진취에 공헌한 데다가, 예조 좌랑을 역임하면서 국상國喪을 비롯한 각종 예절들을 정밀하게 검토한 예론가로 이름을 날렸기 때문이다. 이런 명성으로 인해 그는 이듬해인 1545년(인종 원년) 윤1월 사헌부司憲府 지평持平(정5품)의 후보가 되었다. 그와 함께 추천된 이는 지평 정황丁熿, 남평 현감 백인걸白仁傑, 무장 현감 유희춘柳希春 등이었는데, 최종 낙점된 이는 정황이었다.

그로부터 5개월이 경과한 5월 19일, 이조 좌랑 노수신盧守愼(蘇齋, 1515~1590)은 향후 홍문관을 이끌 신진들을 선임하여 대신들에게 보고했다. 이때 그는 권용權容과 김취문을 강력 추천했지만, 곽순郭珣, 정황, 백인걸, 임보신任輔臣, 이염李爓 등 5명이 최종 낙점되었다. 그로부터 한 달 뒤인 6월 15일 노수신이 또다시 홍문록弘文錄 작성을 주도했을 때, 권용과 김취문은 이탁李鐸, 백인걸과 함께 입록되었고, 마침내 수찬修撰(정5품)에 임명되기에 이르렀다. 당시 홍문관에는 부제학 나숙羅淑, 직제학 이약해李若海, 전한 이황李滉, 응교 김천우金天宇(혹은 韓澍), 교리 박광우朴光佑·김진종金振宗, 부교리 이추李樞, 수찬 유희춘, 부수찬 유강兪絳·이원록李元祿·이휘李輝 등이 재직하고 있었다.

그해 윤1월 사헌부 관원으로 추천된 4명, 5~6월 홍문록에 입록된 8명, 그리고 홍문관 관원 13명 가운데 대부분은 을사사화 당시 문정왕후文定王后와 윤원형尹元衡, 이기李芑 등에게 반기를 들어 정치적으로 피해를 입은 이른바 '을사명현乙巳名賢'들이었다.[2] 을사사화 전후 시기 김취문의 사상적 성향과 정치적 지향이 어떠했는지를 미루어 짐작할 수 있는 대목이다. 그렇지만 그는 인종 말년 홍문관 관원으로 활약한 다른 동료들과 달리 목숨을 부지했고, 귀양형에 처해지지도 않았다. 수찬에 임명되어 홍문관 관원이 된 지 20여 일 만인 1545년 7월 9일, 부친 김광좌의 상을 당해 선산으로 분상奔喪했기 때문이다. 부친상이 아니었다면, 그는 동료 관원들과 운명을 같이했을 것이다.

2) 1545년 을사사화의 발발

김취성 · 김취문 형제가 부친상을 치르느라 분주했던 1545년 늦여름~초가을은 인종의 급서, 명종明宗의 즉위로 시국이 극도로 어수선하던 시기였다. 부왕父王의 국상을 치르느라 쇠잔해진 인종은 1545년 7월 1일 향년 31세로 사망했고, 6일 뒤인 7월 6일 이모제異母弟 명종이 조선 제13대 군주로 즉위했다. 열두 살의 어린 군주를 대신하여 모후 문정왕후(1501~1565)가 전례에 따라 수렴청정을 실시했다. 이튿날 영의정 윤인경尹仁鏡, 좌의정 유관柳灌을 비롯한 고위 관료들이 대왕대비전大王大妃殿을 처음 문안했을 때, 마흔다섯 살의 왕후는 카랑카랑한 목소리로 그동안 가슴속 깊이 묻어 두었던 속내를 신경질적으로 토해냈다.

미망인이 박덕하고 박복하여 거듭 큰 변고를 당했으니 통곡할 따름이다. 이제 주상이 열두 살 어린 나이로 보위寶位를 계승하셨으니, 국가의 대사는 오직 대신들만 믿는다. 지난날 근거 없는 낭설을 유포하는 무리들이 사론邪論을 조작하여 나라를 어지럽히려 하여, 지금껏 인심이 불안해한다. 앞으로 이런 사론을 다시 제기하는 자들이 있으면 내가 엄히 다스릴 것이다.…… 대신들은 내 뜻을 새겨들어 인심을 진정시키고 충성을 다하여 나라를 돕도록 하라.

1530년대 중반(중종 30년 전후 시기) 이후 40대 후반으로 접어든 중종中宗(1488~1544)이 미령했을 때, 후계 구도를 둘러싸고 왕세자 이호李峼(章敬王后 윤씨 소생)를 미는 대윤大尹과 이모제異母弟 이환李峘(문정왕후 윤씨 소생)을 추대하려는 소윤小尹 간에 물밑 다툼이 치열하게 벌어졌다. 그 사이에 왕세자가 거처하던 동궁이 화재로 소실되었고, 국왕과 왕세자가 서로 멀어졌으며, 동궁 보호를 구실로 김안로金安老, 허항許沆, 채무택蔡無擇 등 권신들이 전횡을 일삼았다. 중종 사후 왕세자가 국왕으로 즉위하면서 대윤이 기선을 잡는 듯 보였지만, 그가 8개월 만에 급서함에 따라 최종 승자는 소윤이 되었다.

문정왕후가 수렴청정을 구실로 전면에 나서고 소윤이 크게 약진하면서, 불안한 침묵이 궁궐 깊숙이 짙게 내려앉았다. 조정 관료들과 지식인들 모두가 상황을 예의 주시하는 가운데, 8월 22일 모두가 우려했던 사건이 터져 나왔다. 소윤계 재상들(병조 판서 李芑, 지중추부사 鄭順朋, 공조 판서 許滋, 호조 판서 林百齡 등)이 좌의정 유관柳灌, 이조 판서 유인숙柳仁淑, 형조 판서 윤임尹任 등 이른바 '대윤 3재상'을 공개적으로 성토하고 나선 것이었다. 이들의 주장이 제기되자마자 왕후는 곧바로 영의정 유인경을 비롯한 재상급 관료들을 경복궁 후원인 충순당으로 소집, 이 문제를 논의할 것을 지시했다.

이 자리에서 이기는 '대윤 3재상'을 또다시 강력하게 성토했다. 왕후는 1537년(중종 32) 이른바 '정유삼흉丁酉三凶'(김안로·허항·채무택)을 숙청하게 되었을 때, 이들을 처벌하지 않은 것이 가슴 아픈 실책이었다며 목청을 돋웠다. 이날 늦은 밤 긴급 소집된 재상회의에서는 유관·유인숙의 해임, 윤임(인종의 외삼촌)의 원지 유배형이 결정되었다. 이날 회의에서 반대 의견을 제출하면서 자리를 박차고 나간 이는 우찬성 권벌權橃이 유일했다.

'대윤 3인방'의 처벌을 위한 재상회의가 긴급 소집되었다는 흉흉한 소식이 전해지는 가운데, 왕후의 밀지密旨를 받은 대사헌 민제인閔齊仁과 대사간 김광준金光準이 양사兩司의 관원들을 중학中學으로 불러 모았다. 이날 호출된 관원들은 집의 송희규宋希奎와 사간 박광우를 비롯해서, 장령 정희등鄭希登·이언침李彦忱, 헌납 백인걸, 지평 김저金䃴·민기문閔起文, 정언 김난상金鸞祥·유희춘 등 9명이었다.

민제인과 김광준은 왕후의 지시 운운하면서 양사 관원들이 앞장서서 3인방을 탄핵할 것을 종용했다. 아무도 이들의 주장에 찬동하지 않은 채 긴 침묵이 이어지자, 두 사람은 계속 관원들을 다그쳤다. 이때 사헌부의 차관次官인 송희규가 나섰다.

> 윤원형은 국왕의 외삼촌으로 국론을 주장하고 있다. 그런데 그는 군주를 의로운 곳으로 이끌지 않고, 도리어 국모에게 의지하여 선량한 충신들을 살해하려 한다. 오늘 반드시 이 사람을 제거한 뒤에야 국시國是가 정해질 것이다. 나는 머리가 깨어지고 뼈가 가루가 될지라도 그대들의 주장을 좇지 않을 것이다.
>
> 『구암집』, 「야계송공행장冶溪宋公行狀」

그제야 사간원 차관인 박광우를 비롯해서, 백인걸, 이언침, 정희등, 유희춘, 김난상 등도 반대 목소리를 높였다. 양사의 장관 두 사람이 송희규를 회유하려 했지만, 그는 자리를 박차고 나왔다. 이튿날 민제인과 김광준을 제외한 양사의 전 관원들이 재상회의 결정의 부당성을 지적하면서, 그들을 체직시켜 줄 것을 명종에게 요청했다. 부제학 나숙羅淑을 비롯한 홍문관의 전 관원도 동참했다.(응교 김진종, 교리 곽순·이추, 부교리 李首慶, 박사 朴承任, 저작

임보신)

이날 왕후는 성세창成世昌을 좌의정으로, 이기를 우의정으로, 임백령을 이조 판서로, 허자를 호조 판서로, 정순붕을 공조 판서로 임명했고, 8월 24일에는 '대윤 3인방'의 귀향형을 언도하는 한편, 삼사의 전 관원을 파직시켰다. 8월 28일에는 3인방의 사형이 결정되었고, 8월 22일의 재상회의에서 이견을 제시한 권벌을 해임시켰다.

문정왕후와 동생 윤원형이 주도하는 칼바람의 강도는 점점 세졌다. 그로부터 사흘 뒤인 9월 1일, 경기 관찰사 김명윤金明胤은 계림군桂林君 이유李瑠(성종의 손자, 장경왕후의 생질)가 모반을 일으켰다며 고변했다. 이 사건으로 "중종이 40년 동안 양성한 인재 대부분이" 숙청되었다. 이때 피해를 입은 이들은 다음과 같다.

【표 2】 1545년 을사사화의 피화자들		
형벌	인물	비고
능지처사(2)	이휘, 이덕응	택현설을 주장하여, 봉성군 이완李岏을 군주로 추대하려 함
교형絞刑 (11)	이시 · 이형 · 이후(이상 이유의 아들), 유희민 · 유희증 · 유희맹 · 유희안(이상 유인숙의 아들), 윤흥례 · 윤흥인(이상 윤임의 아들), 금이(윤임의 서자), 유광찬(유관의 아들)	계림군 이유와 3인방(윤임, 유관, 유인숙)의 자제들
유배형(6)	정희등, 정욱, 정자, 나식, 나숙, 박광우	계림군 및 3인방의 절친들

1년 뒤인 1546년(명종 원년) 8월 대사헌 윤원형의 선창으로 '대윤 3인방'의 추종세력들에 대한 추가 처벌이 이루어졌다.

형벌	인물	비고
	【표 3】 1546년 피화자들	
사형(1)	이림李霖	
원지 유배(6)	한숙, 나숙, 정원, 이약해, 김저, 이중열	
외방 유배(1)	성세창	
관작 삭탈(2)	임형수, 한주	
추국(1)	성우	옥사
추고(1)	윤여해	인종의 외조부

또다시 1년이 경과한 1547년(명종 2) 9월에는 이른바 '양재역 벽서 사건'이 터졌다. "위에서는 여주女主가 정권을 잡고 있고 아래에서는 간신 이기 등이 권세를 농단하고 있으니, 장차 나라가 망하는 것을 서서 기다리게 되었다"는 내용의 익명서였다. 이 사건으로 1545~1546년 참화에서 목숨을 겨우 부지했던 관료들과 지식인들이 또다시 불려 나와 처벌받았다.

벽서 사건의 주된 타깃은 1545년 8월 22일 재상회의의 결정을 반대하거나 비판했던 고위 관료들이었다. 봉성군 이완李岏과 송인수宋麟壽, 이약빙李若氷, 이언적 등이 바로 그들이었다.

형벌	인물
	【표 4】1547년 양재역 벽서 사건 관련 피화자들
사형(3)	봉성군 이완李岏, 송인수, 이약빙
극변極邊 안치(3)	이언적, 정자, 이염
절도絶島 안치(4)	노수신, 정황, 유희춘, 김난상
원방遠方 부처(9)	권응정, 권응창, 정유침, 이천계, 권물, 이담, 임형수, 한주, 안경우
부처付處 (14)	권벌, 송희규, 백인걸, 이언침, 민기문, 황박, 이진, 이홍남, 김진종, 윤강원, 조박, 안세형, 윤충원, 안함

　　김취문이 부친상을 마친 것은 1547년 윤9월이었는데, 이때
는 '양재역 벽서 사건'으로 세 번째 광풍이 휘몰아치던 때였다.
이 무렵 그와 평소 가깝게 지내거나 뜻을 같이했던 친척이나 동
지들이 대부분 정계에서 축출되었다. 재상회의 결정을 가장 앞
장서서 반대했던 자형 송희규, 당시 사림파의 종장으로 박영의
사우였던 이언적, 처외숙인 권응정權應挺·권응창權應昌 형제, 동
향의 선배 김진종金振宗, 그리고 친구 노수신³ 등이 그들이었다.
인종 대 사헌부와 홍문관의 관원으로 같이 추천된 바 있던 정황,
유희춘, 백인걸도 숙청되었다. 더구나 송당 문하의 동문 안명세
安名世와 맏형 김취성 문하에서 같이 수학했던 강유선康惟善은
1548년(명종 3) 『속무정보감續武定寶鑑』 사건, 1549년 '이홍남李洪男
무고 사건'에 각각 연루되어 사형당했다.

3) 청백리

결과적으로 김취문을 보호해 준 것은 부친상(1545년 7월~1547년 윤9월)이었다. 거상居喪 중이었던 탓에 사화의 참화에서 비켜나 있던 그였지만, 탈상 이후 정계 복귀는 쉽지 않았다. 설령 관직에 나아가더라도 어떤 정치적 탄압과 음모가 그를 맞을 지도 모를 노릇이었다. 아니나 다를까 그는 탈상 직후인 1547년 늦가을, 호조와 공조의 정랑正郎(정5품)에 임명되었지만, 곧바로 전라도全羅道 도사都事로 좌천되었다. 을사사화를 일으킨 '권귀權貴' 들을 보면 "마치 자신이 더럽혀질까" 걱정할 정도로, "고고孤高한 절의가 특립特立한" 그의 성정 탓이었다. '을사권신' 들도 고분고분하지 않은 그가 껄끄럽기는 마찬가지였다. 이런 상황에서 그를 기다린 것은 기약 없는 지방관 생활이었다.

북풍한설이 몰아치는 1547년 겨울, 그는 전라도 부임을 앞두고 본가(들성)와 처가(성주 팔거)를 방문하여 가사家事를 점검하고, 신변을 정리했다. "아득하고, 헛되고 슬픔만 더한" 험로가 이제 막 그의 눈앞에 끝없이 펼쳐질 참이었다. 선배 박운에게 보낸 편지에서 당시 그의 심정을 읽을 수 있다.

진퇴를 스스로 결정하지 못하다가 지금 외방으로 나가게 되었
습니다. 추위를 무릅쓰고 가는 걸음이 시비是非 사이에 놓여서

몸과 마음이 소진됩니다. 뿐만 아니라 제 몸이 항상 남의 콧방
귀에 올라 참혹하게 될까 자괴감自愧感이 들기도 합니다.

『구암집』, 「여박용암與朴龍巖」(1547)

이듬해인 1548년 겨울 임기를 마치고 도사 직에서 해임되었
던 그는, 그로부터 1년 뒤인 1549년(명종 4) 41세의 나이로 영천 군
수에 임명되었다. 전라도 도사 시절 그가 보여 준 청망清望에 대
한 일종의 보상이었지만, 사정을 알고 보면 실상이 반드시 그런
것만은 아니었다. 당시 부임 예정지 영천은 지방관이 되고자 나
서는 관원이 전무했던 그야말로 '죽음의 땅'이었다. 1545년(명종
즉위년) 이후 3년 동안 지속된 대기근의 여파가 이 지역을 강타하
여 지역 경제를 마비시키고, 농민 경제를 붕괴시켰기 때문이다.

1547년까지 연속해서 흉년이 들면서, 백성들은 죽음의 공포
앞에 노출되었다. 특히 1547년의 작황이 최악인 상태에서, 이듬
해인 1548년(명종 3)은 조선 전역을 지옥으로 몰아넣은 암흑의 시
기였다. 농산물이 거의 출하되지 않은 상황에서, 그해 3월 중순
서울의 곡가는 평상시보다 250%나 높은 가격으로 매매되었다.
이처럼 곡물 가격이 천정부지로 치솟자 도성 한양에 거주하는 사
족들의 절반가량이 굶주린다는 보고가 있을 정도로, 어느 한 지
역도 안전한 곳이 없었다.

몇 년째 살인적인 대기근이 기승을 부리면서, 거의 먹지 못

한 기민들은 면역력이 바닥났고, 극도로 허약해진 기민들 사이로 전염병이 번져 나갔으며, 그로 인해 사망자들이 속출했다. 먹을 것을 찾지 못해 굶주리다가 아사餓死하고, 면역력이 크게 저하된 기민들은 전염병은 차치하고 자그마한 질병에라도 걸리면 곧바로 병사病死했으며, 추위 속에 떠돌아다니다가 동사凍死하는 등 사망 원인도 가지가지였다. 목숨을 부지한 사람들은 먹을 것을 쫓아 사방을 헤매며 다녔고, 이 과정에서 가족들이 생이별하는 통한의 아픔을 겪었다. 떨어지지 않으려는 아이를 떼놓기 위해 나무에 붙들어 매는 부모들도 적지 않았다.

병으로 신음하는 소리, 죽어 가는 소리, 부모를 부르는 아이들의 울부짖는 소리가 사방을 가득 채웠다. 먹을 것을 애타게 찾는 사람들은 널브러져 있는 시신들에 붙어 있는 인육이라도 먹어야 했고, 조금이라도 힘이 남아 있는 사람들은 살기 위한 방편으로 강도가 되고, 도적이 되어야 했다. 중앙 정부와 지방 관청의 재정 지원이 아주 끊어진 상황에서 그 길만이 목숨을 연장할 수 있는 유일한 길이었다.

정부는 1547~1548년에 절정에 달한 지옥 같은 상황을 극복하고자 안간힘을 기울였지만, 효과는 미미했다. 양심과 능력을 겸비한 수많은 관료들이 죽어 나가고 숙청된 상황에서, 이들이 가동할 수 있는 인재풀이 바닥을 드러낸 것이 원인이었다. 우연인지 필연인지 알 수는 없었지만, 을사사화가 발생한 1545년 가을부터 '양재역 벽서 사건'이 발발한 1547년 가을까지, 한 켠에서는 양심 있는 관료들이 대거 죽어 나갔고, 다른 한 켠에서는 권력을 잡은 훈척들이 온갖 권세를 휘두르고 탐욕을 일삼았다. 또 다른 한 켠에서는 백성들이 대량으로 죽어 나갔고, 또 다른 한 켠에서는 목숨을 가까스로 부지한 관료와 지식인들이 상황을 이 지경으로 만든 '을사권간乙巳權奸'들에게 반감을 가졌으며 그들을 증오했다. 수많은 관료들과 지식인들, 그리고 더 많은 백성들은 사태를 이 지경으로 만든 것이 모두 을사년에 억울하게 죽은 수많은 원혼들의 저주라고 굳게 믿었다.

대기근 양상이 한층 악화되어 무고한 백성들이 죽어 나가고, 지식인들을 중심으로 불만과 분노가 임계치에 다다른 가운데, '을사권신乙巳權臣'들은 백성들의 구제에 나서지 않으면 안 되었다. 1548년(명종 3) 2월 유기遺棄 아동을 양육하는 사람들에게 그 아이를 노비로 부릴 수 있게 하는 특별법을 제정하고, 구황경차관救荒敬差官을 전국에 파견하여 진휼 업무에 소홀하거나 탐학한 수령들을 파직시키고, 청렴한 문관들을 지방관으로 임명하여 군현을 회복하려는 조처들이 그러한 구휼 정책의 일환이었다.

1540년대 후반 대기근의 피해가 가장 혹독했던 지역은 경상도였다. 그중에서도 경주~영천 일대가 특히 심했다. 당시 경주 상황은 10여 년 뒤에 정부 당국자의 속을 까맣게 태운 황해도 구월산 일대와 아주 흡사했다. 잘 알려진 바와 같이, 당시 임꺽정을 두령으로 하는 황해도의 도적들은 1559년(명종 14)부터 1562년(명종 17)까지 4년 동안 구월산을 중심으로 출몰하면서, 주변 군현들을 공포로 몰아넣었다. 이들은 "대낮에 관청을 포위하여 군졸들을 사살하고, 옥문을 부수고 수감된 일당들을 구출하는" 대담성을 보였고, 고발자들을 "잡아다가 배를 갈라 보복하는" 잔인성을 보였다. 토포사討捕使 남치근南致勤과 김세한金世澣이 지휘하는 중앙군과 싸워 그들을 격퇴하는가 하면, 경기도와 강원도, 심지어 서울까지도 세력을 확장시켰다.

이런 상황에서 황해도는 근 4년 동안 정부의 행정 명령이 거의 미치지 않는 사실상 '적국敵國'으로 변했다. 황해도 사태는 정부의 가혹한 세금 징수, 지방관의 탐학, 토포군의 횡포, 그리고 지배층의 탐욕 등 다양한 요인들이 복합적으로 작용한 결과였다. 1540년대 후반~1550년대 초반의 경주 상황은 1550년대 후반~1560년대 초반 황해도 사정의 판박이였다. 1545년부터 시작된 대기근이 1548년까지 무려 4년 동안 기승을 부리면서 경주 일대의 농민경제가 붕괴되었고, 전염병이 창궐하여 수많은 백성들이 날마다 죽어 나갔다.

세상이 지옥으로 변해갔지만 정부는 세금 징수를 멈추지 않았고, 연이어 탐관貪官들이 부임하게 되면서 가뜩이나 어려워진 가계를 망쳐 놓았다. 더구나 토포군討捕軍으로 투입된 경상 좌병영 군대가 난동에 가까운 횡포를 부리면서, 상황은 걷잡을 수 없이 악화되었다. 이런 상황에서 목숨을 부지하는 일조차 힘겨웠던 백성들은 강도가 되었고, 카리스마 있는 우두머리를 만나기라도 하면 곧바로 조직과 무장력을 갖춘 대규모의 무장 도적으로 전환했다. 그런 점에서 극적劇賊의 두목 팔룡八龍이 횡행하던 경주 일대는 1559년~1562년 '임꺽정의 난'으로 쑥대밭이 되어 버린 황해도의 복사판이었다.

가공할 대기근의 충격, 탐관과 군인들의 갖은 횡포라는 안팎의 위기에 봉착한 백성들은 목숨 부지의 한 방편으로 도적이 되는 길을 택했다. 이런 상황에서 백성들의 형편이 어려워질수록 도적들의 숫자가 늘어났고, 점점 더 흉포해졌다. 경주 일대를 중심으로 활동하던 이른바 '경주적'들은 대낮에도 버젓이 여행자들을 대상으로 약탈을 일삼았고, 말을 타고 무기로 중무장한 이들의 전력은 관군과 맞먹을 정도로 커졌다. 이런 상황에서 지방관들이 관내를 순시할 때면 활과 화살로 무장한 군병들을 대동하지 않으면 안 되었다. "천년에 한 번 있을까 말까 한" 대기근에다가 "근고近古에 찾아보기 힘든" 경주적들의 발호가 겹치면서, 경주 일대는 몇 년째 인적이 끊긴 무인지대가 되었다.

1549년(명종 4) 겨울 김취문이 영천 군수에 임명될 당시 경주 일대의 사회경제 상황은 이러했다. 평생 무력이라고는 사용해 본 적이 없던 그가 무장강도 떼가 활개 치는 무법지대의 지방관이 된 것이었다. 그의 군수 임명은 무능하고 무책임했던 훈척들이 아수라의 세상을 결코 외면하지 않았노라, 백성들을 살리고자 노력했노라는 최소한의 변명을 늘어놓기 위한 불가피한 선택이었다. 혹 그가 예상 외로 지방을 잘 경영할 경우 백성들의 목숨을 구할 수 있을 것이고, 그렇지 않을 경우 껄끄러운 한 관료를 제거할 명분을 확보할 수도 있는 일이었다. 훈척 세력의 입장에서 볼 때 김취문의 영천 군수 임명은 일석이조의 효과를 거둘 수 있는 절묘한 카드였던 셈이다.

영천 부임을 앞둔 김취문은 정부의 고심과는 다른 상념으로 힘겨워했다. 정치적으로 피해를 입거나 탄압을 받은 동지들에 대한 미안함, 그들과 여정을 같이 못한 채 살아남은 자의 슬픔과 회한에 따른 고민이었다. 출사를 고민하던 그에게 선배 박운이 용기를 주었다.

사람의 처세는 역경逆境이 많고 순경順境은 적은 법입니다. 저는 초망草莽 가운데 깊이 거주하는데도 때때로 생각지 않은 근심이 들곤 합니다. "산림에도 바람이 고요할 때가 없다"는 말은 참으로 믿을 만합니다. 저는 "티끌세상의 분주함을 버리기도 어렵고, 남은 여생은 많지 않다"라며, 매번 놀랍니다. 공公은 소득이 있을 것이니, 원컨대 진심으로 사업을 하여 배운 것을 저버리지 마십시오. 옛사람이 "한 푼만 너그러우면 백성들은 그 한 푼의 혜택을 입는다" 했고, "내 뜻을 행할 수만 있다면 거취에 구애될 것이 없다"라고 했습니다. 그대는 시대와 어긋나서 때로 불평하는 마음을 품고 있기 때문에 이와 같이 말합니다.

『용암집』, 「여김문지서與金文之書」

선배의 간곡한 당부와 타이름 속에 그는 군수로 부임할 용기를 얻었다. 지옥과 진배없는 임지에 부임한 그는 두 가지 사업에 초점을 맞춰 실행에 옮겼다. 첫째는 어떻게든 기민들을 구휼하여 그들의 목숨을 살려내는 것이고, 둘째는 중앙 정부와 지방의 행정 기관에 납부해야 할 각종 부세들을 최대한 낮추거나 아예 감축하는 것이었다. 그렇게 하기 위해서는 스스로 검소해야 하고 관아의 재정을 초긴축 상태로 운영해야 했으며, 무엇보다 백성들의 편에 서서 그들을 어루만지는 자애로운 목민관이 되어야 했다. 백성들에게 모범을 보이고 그들의 고통과 함께할 때에만, 떠나버린 민심이 돌아오고 읍 사정이 안정될 터였다.

군수로 재직했던 4년 동안(1549~1552) 임지에서 펼친 그의 각고의 노력 덕에 영천은 눈에 띄게 안정을 찾아갔다. 당시 그에 대한 백성들의 평가를 다음의 일화에서 확인할 수 있다. 경주에서 업무를 보고 임지로 돌아가던 김취문은 팔룡 일당과 마주쳤다. 그의 행차는 서너 명의 수행원들만 거느린 단출한 것이었던 반면, 무장한 채 말을 탄 극적들은 수가 엄청났다. 당황하여 어쩔

줄 모르는 군수를 향해 도적 한 사람이 활을 겨눴다. 이때 팔룡이
"영천 군수는 단아한 옥인玉人이다. 그러니 차마 그를 죽일 수는
없다"라며 저지했다.(『久庵集』, 「遺事」[玄孫 金相玉 所錄]) 극적 두목의
도움으로 죽음의 찰나에서 벗어난 것이었다. 극적의 우두머리까
지도 감동할 정도로, 그는 임지에서 자신의 몸을 불사른 선량善良
이었다.

　　1552년(명종 7) 3월 경상도 관찰사 이몽량李夢亮은 불가능해
보였던 영천을 회복시킨 능력을 높이 사, 그를 염근리廉謹吏로 추
천했다. 당시 사회경제 사정이 최악으로 치닫는 상황에서, 정부
는 업무를 잘 수행한 중앙관과 청렴하여 지방을 회복시킨 지방관
을 대상으로 한 대대적인 포상 정책을 실시했다. 정부는 중앙의
재상급 관료와 지방 관찰사에게 근무를 충실히 한 근근리勤謹吏,
청렴하게 지방 업무를 수행한 염근리를 각각 추천하여 보고할 것
을 지시했다. 관찰사에게는 선행이나 학행이 뛰어나 모범이 될
만한 사람들을 유일遺逸로 천거할 것을 아울러 지시했다.

　　이몽량은 유일로 삼가의 조식曺植, 초계의 이희안李希顔 등 두
사람을, 염근리로 상주 목사 전팽령全彭齡, 영천 군수 김취문, 지
례 현감 노진盧禛 등 세 사람을 각각 추천했다. 한국 성리학사에
서 조식과 이희안의 위상이 어떠한지는 잘 알려져 있다. 이날의
기사를 기록한 사관史官은 염근리로 추천된 두 사람에 대해서도
다음과 같은 평을 하고 있다.

김취문과 노진도 모두 학행이 있기 때문에 염근리로만 추천될
사람이 아니다. 이들을 발탁하여 국왕 곁에 두는 것이 어찌 불
가능하겠는가? 그렇지만 이들을 승진시키지도 않고 국왕 가까
이에 두지도 않았으니, 당시 인사권을 가진 자들은 책임을 면
키 어렵다.

정부는 염근리(혹은 勤謹吏) 45명을 최종 선임하고, 그해 11월
4일 이들을 궁궐로 초청하여 그동안의 노고를 치하하는 성대한
잔치를 개최했다. 이때 염근리로 선발된 이들의 면면은 【표 5】와
같다.

염근리로 선임된 14명의 지방관들은 경기도를 제외한 7개
도에서 비교적 고르게 선발되었다. 그렇지만 경상도의 관원이 6
명일 정도로 압도적으로 많았다. 당시 경상도의 경제 상황이 그
만큼 심각했음을 반증하는 사례라고 여겨진다. 중앙관(31명)과 지
방관(14명)으로 나뉜 염근리들 가운데는 행적이 미심쩍은 이들도
다소 포함되어 있었다. 훈척 추종 세력인 성세장成世章, 윤춘년尹
春年 같은 이들이 그들이었다. 그럼에도 불구하고 이때 선발된 이
들 가운데는 1565년 '사림정국'이 도래했을 때 정국을 이끌었던
사림파 관료들도 적지 않았다.(朴守良, 李浚慶, 李滉, 吳祥, 申潛, 김취문,
노진, 辛士衡, 鄭宗榮, 朴民獻, 朴永俊 등)
김취문은 이날 21명만이 참가한 궁궐 잔치에 참여할 수 없었

【표 5】 1552년(명종 7) 염근리로 선발된 중앙관 및 지방관들		
중앙 관원	우참찬 박수량, 판서 안현, 판서 조사수, 동지중추부사 임호신·주세붕, 참의 이몽필, 대사헌 이준경, 대사간 윤춘년, 전前 대사성 이황, 대사성 이명, 좌승지 홍담, 우승지 성세장, 동부승지 김개, 관찰사 홍섬, 사용 전팽령, 전한 송찬, 장령 유혼, 교리 정종영, 부교리 박민헌, 판교 윤현, 정랑 이중영, 사복시정司僕寺正 박영준, 사재감정司宰監正 강윤권, 부정 임보신, 부정 우세겸, 우통례 윤부, 직장 금몽좌, 직장 김사근, 직장 조용, 별좌 안잠, 부장 허세린	31명
지방 관원	상주목사 신잠, 밀양부사 김우, 예천군수 안종전, 전前 영천군수 김취문, 지례현감 노진, 칠원현감 신사형(이상 경상도), 나주목사 오상, 금구현령 변훈남(이상 전라도), 온양군수 이중경, 한산군수 김약묵(이상 충청도), 강릉부사 김확(강원도), 신계현령 유언겸(황해도), 강계부사 김순(평안도), 회령부사 이영(함경도)	14명

다. 염근리로 추천될 당시(1552년 3월), 모친 임씨가 향년 80세를 일기로 사망했기 때문이다. 거상을 위해 관직에서 곧바로 물러난 그는 이후 고향 선산에 칩거하면서 삼년상을 치렀다. 그가 군수로 재직했던 4년 동안(1549~1552), 그의 집안에는 많은 변고들이 있었다. 집안의 기둥인 맏형 김취성이 1550년 59세를 일기로 사망했고, '양재역 벽서 사건'에 연루되었던 또 다른 집안의 기둥인 자형 송희규는 여전히 전라도 고산高山에서 유배 중이었다. 이런 이유에서 모친상을 비롯한 온갖 집안일들은 온전히 그의 몫이되었다.

4) 요주의 인물

김취문은 영천 군수로 재직하던 4년 동안의 빼어난 치적을 인정받아 청백리에 녹선錄選되는 영광을 안았다. 그의 성공은 이후 피폐한 군현이나 도적의 발호로 지방 행정이 무너진 지역을 회복할 수 있는 모범 사례가 되기에 충분했다. 그렇지만 그의 성공 사례는 다른 지역으로 확대되지 않았다. 훈척들의 견제와 질시 때문이었다. 국정을 망쳐 놓은 장본인인 훈척들은 사림파 관료들이 사태를 무난하게 수습하여 능력을 인정받고 승진하는 것을 좋아하지 않았다. 그들의 악행/악정이 사림파의 선행/선정과 극명하게 비교되기 때문이었다.

영천만큼이나 사지로 인식된 또 다른 대표 지역인 경주의 부윤府尹(종2품) 선임을 둘러싼 해프닝에서 그런 사정을 읽을 수 있다. 관내 행정을 제대로 수습하지 못해 사태를 악화시킨 부윤 이순형李純亨은 1552년 11월 사임장을 제출하고, 고향 경기도 금천으로 도망치듯 가 버렸다. 경상도에서 가장 중요한 지방관직 가운데 하나인 부윤 자리가 4~5개월 동안이나 공석 상태로 남아 있자, 정부는 부윤의 선임을 서둘렀다. 이때 후보로 거론된 이들은 오겸吳謙, 송순宋純, 이황, 이윤경李潤慶 등 4명으로, 모두 훈척들이 꺼리던 사림파 관료들이었다. 이런 이유에서 정부는 이들의 부윤 임용에 적극성을 보이지 않은 채 차일피일 미루다가, 결국 그들의 또 다른 추종자인 임필형任弼亨을 최종 낙점하기에 이르렀다.

　군현의 회복을 위해서는 청렴하고 능력 있는 관료를 선임하는 것이 순리였지만, 그렇게 하기 위한 전제는 이들을 포용할 수 있는 정부 당국자들의 관용과 아량이었다. 그렇지만 권력을 장악하고 지위를 누리는 것에만 급급했던 훈척들은 이런 용기나 담력을 갖지 못했다. 이런 이유에서 영천 사례는 다른 지역으로 확산되기 어려웠고, 경제 회복과 백성들의 사회경제적 안정이라는 과제는 난망이 되고 말았다. 무능력하고 무책임한 훈척들이 사림파 관료들을 계속 외면하는 한, 그들이 가용할 수 있는 인재의 풀은 제한될 수밖에 없었고, 국정의 난맥상은 증폭되기 마련이었다.

　16세기 중반 이후 본격화한 이상 저온低溫 현상과 작황 부진이라는 양상이 지속되고[4] 무능하면서도 탐욕스러웠던 훈척들이 국정을 독점하는 가운데, 1550년대 중반을 전후하여 조선은 회복 불능 상태로 접어들었다. 이 무렵 지각 있고 양심이 있는 관료와 지식인들 사이에서 왕조가 멸망할지도 모른다는 불안감이 점점 커져 갔다. 1553년(명종 8) 대사헌 김주金澍가 올린 구언 상소에서 당시 사회 전반으로 급속하게 확산되던 국망國亡에 대한 우려의 정황을 확인해 보도록 하자.

　주상(명종)이 즉위한 지 9년 동안 재앙과 이변이 계속 이어져,
　거듭 사서史書에 기록되고 있습니다. …… 혹독한 가뭄이 작년

겨울부터 금년 여름까지 지속되어, 사방 천리가 적지赤地로 변했고, 땅이 딱딱하게 굳어 씨앗이 흙 속으로 들어가지 않습니다. 국가 재정이 텅 비었고, 백성들이 유리하고, 도적들이 고슴도치 털처럼 곳곳에서 일어나며, 변방에서는 전쟁의 위협마저 있습니다. 이런 상황은 실로 위망危亡의 재앙이 조석에 임박한 것이라 이를 만합니다.

1553년 극심한 가뭄이 원인을 제공했던 흉년의 여파는 그해 가을부터 대기근으로 이어졌다. 계속된 흉년과 장기 대기근 속에 고통 받던 백성들은 더 이상 버티기가 힘들었다. 이런 상황에서 이듬해 벽두부터 "사람이 사람을 서로 잡아먹는" 극한의 양상이 연출되었다. 이런 상황은 국가의 위망 상태의 다름 아니었다. 1554년 1월 당시 상황을 개탄하는 한 사관史官의 넋두리에 귀를 기울여 보자.

요즘 세상에는 풍속의 경박함, 인심의 사나움이 모두 극에 달했다. 더구나 천재와 시변時變이 계속되고 기근이 거듭 들어, 사람이 사람을 서로 잡아먹는 지경에까지 이르렀다. 이제 사가史家의 고증을 기다릴 것도 없이 '난망亂亡'의 조짐을 점치는 상황이 되었다.

연산군燕山君(치세 기간 1494~1506)의 폭정 이후 악화되기 시작한 조선 경제는 1550년대 중반 이후 붕괴 국면으로 접어들었다. 을사권간들이 집권 세력으로 등장한 1545년 이후, 10년도 채 되지 않은 짧은 시기에 조선의 사회경제가 심각한 부도 상황에 직면한 것이었다. 이 무렵 정부 재정 또한 바닥을 드러내 관료들에게 지급할 봉급도 제대로 줄 수 없는 형편이었다. 양민良民들이 대거 사라지고, 세금의 원천인 수세전收稅田이 급격하게 줄어든 탓이었다.

　　양민들의 목숨 부지라는 전략에서 보면, 권세가나 지배층의 노비가 되는 것이 유리했고, 그들에게 토지를 헐값으로 넘기는 것이 훨씬 나았다. 탐욕스런 관원들이 무자비하게 징수하는 세원稅源에 노출되어 경제적 고통을 받는 것보다는 권세가나 지배층이 경영하는 농장農庄에 들어가 그들의 보호를 받는 것이 훨씬 유리했기 때문이다. 이런 이유에서 국가의 경제적 위기가 심해질수록 양민과 수세전은 급감한 반면, 권세가나 사족층의 농장은 더욱더 커졌고, 그들이 보유한 노비는 급속하게 불어났다.

　　충청도 단양과 강원도 평창의 경우, 1560년대 양인 가호家戶는 전성기(1500년경)의 10% 내외(90/1000호), 수세전은 전성기(1420년경)의 18% 정도(400/2200결)에 불과했다. 이 무렵 강탈에 가까운 정부의 계속된 부세 독촉으로 삶이 더욱 힘겨워진 백성들은 마을을 떠나 정처 없이 떠돌거나 지배층의 농장으로 흡수되었다. 1557

년(명종 12) 12월 대사간 윤인서尹仁恕가 명종에게 올린 차자를 통해 당시 경기도의 상황을 살펴보자.

> 백성들이 슬퍼하고 걱정하며 정처 없이 떠돌아 열에 아홉 집이 비어, 마을들이 쓸쓸합니다.…… 게다가 흉년이 들어 백성들은 굶주렸고, 고을마다 도적들이 일어나 무리를 지어 횡행하는 바람에 백성들을 고통 속으로 몰아넣고 있습니다. 경기도는 도적들이 약탈을 자행하여 사람과 물자의 통행을 방해받고 있지만, 감사나 병사는 이들을 잡으려는 마음조차 먹지 못합니다. 신들은 천시天時와 인사人事가 과연 어떻게 될는지 모르겠고, 또 어떻게 조처해야 할지도 모르겠습니다. 말과 생각이 여기에 미치니, 통곡을 금할 길이 없습니다.

1540년대 후반, 곧 명종의 즉위와 함께 시작된 대기근이 조선 전역을 강타하여 수많은 백성들의 목숨을 앗아 간 데다가, 설상가상으로 집권 세력인 훈척들이 이런 난국을 타개할 역량이 크게 부족한 상황에서, 사태는 악화 일로에 있었다. 가공할 천재지변에다가 최악의 인재人災가 중첩하면서, 1550년대에 이르러 위기 상황이 최고조에 이른 것이었다. "신들은 천시天時와 인사人事가 과연 어떻게 될는지 모르겠다"라며 손을 내려놓은 채 울부짖는 윤인서의 모습에서 그런 사정을 읽을 수 있다.

왕조가 침몰 중에 있다는 인식이 점차 확산되는 가운데, 1550년대 이래 능력 있고 청렴한 선량들의 출현을 갈구하는 사회적 열망 또한 점점 커져 갔다. 사림파 관료들에 대한 훈척들의 감시와 견제가 강했음에도 불구하고, 그들의 운신의 폭이 점점 넓어진 까닭이 여기에 있었다. 이런 상황에서 1554년(명종 9) 여름 김취문이 탈상을 끝내자마자, 정부는 기다렸다는 듯이 그를 청송부사에 임명했다. 난세가 영웅을 부르듯, 세상에서 잊힐 뻔했던 관료는 계속해서 세상의 부름을 받은 것이었다.

그는 이번에도 출사 문제를 두고 고민에 빠졌다. 이때의 고민은 도학자의 삶을 살리라는 평소의 소망과 관련 있었다. 출사하게 될 경우 도학 수행에 방해될 것이 예상되는 데다가, 기약 없는 지방관 생활이 언제 끝날지도 알 수 없었기 때문이다. 관직자와 도학자라는 양립 불가능한 과제를 앞에 두고 고심이 깊어지는 상황에서, 이번에도 박운이 그에게 편지를 보냈다.

> 그대가 (청송에 부임하게 되면) 깊은 산속에 고요하게 거처할 것이니, 무사한 가운데 옛일을 이야기하면서 심흉心胸을 깨끗이 씻어 낼 수 있을 것입니다.
>
> 『용암집』, 「여김문지서與金文之書」

청송은 관직자와 도학자라는 두 난제를 충족시켜 줄 수 있는 심심산골이라는 주장이었다. 김취문은 선배의 간곡한 권유에 힘입어 마지못해 또다시 임지로 나아갔다. 그가 부임한 1554년의 청송은 1549년의 영천 사정과 별반 다르지 않았다. 태백산맥 자락 깊숙이 자리한 산군山郡이었지만, 이곳 또한 지방관이 한가롭게 지낼 수 있는 곳이 전혀 아니었기 때문이다. 다음은 박운에게 보낸 김취문의 답장이다.

> 저는 먼지투성이 문서에 빠져 지내느라, 한가하고 고요할 때
> 가 없습니다. 한 번 빛이 들면 열 번 추위가 따라오는 듯하니,
> 어쩌겠습니까? 마음은 평생토록 구학丘壑에 묻히겠다는 생각
> 이 간절하지만, 결국 속세의 둥지에 떨어지고 말았습니다. 스
> 스로 돌아보아도 탄식을 그칠 수 없습니다.
>
> 『구암집』, 「답박용암答朴龍巖」

청송과 같은 궁벽한 산골이라 해서 기근은 비켜 가지 않았다. 그로 인해 청송에서도 수많은 백성들이 죽어 나갔다. 그가 박운에게 보낸 또 다른 편지에서 당시 절박했던 청송 사정을 읽을 수 있다.

> 지금 제가 맡고 있는 읍은 무상하기 그지없습니다. 그리하여
> 선현(정붕)이 교화하여 화목해진 백성들을 기곤飢困으로 유망

하는 족속으로 만들어 버렸습니다. 이런 흉년을 맞아 구제할
계책이 없어서 황망히 조처할 방법을 잃었습니다. 저처럼 게으
르고 옹졸한 사람이 또 이런 고초를 당하게 되었습니다. 독서
를 전폐하고 분주히 말을 달리느라, 오랫동안 바쁘고 시끄러운
형편에 처해 있습니다. 그러니 저 자신이 걱정될 뿐입니다.

『구암집』, 「답박용암答朴龍巖」

　　이듬해도 상황은 변하지 않았다. 1555년(명종 10) 박운에게
보낸 편지에서, "제가 기민들을 구제할 능력이 없는 탓에 굶어
죽은 시체(餓殍)들이 길에 널려 있습니다. 이런 상황인데도 방책
을 구할 수 없으니, 어찌 걱정이 없겠습니까?"라며 자신의 무능
을 한탄했다.(『久庵集』, 「與朴龍巖」[乙卯]) 설상가상으로 그해 5월 왜
구가 전라도 해안을 침공한 을묘왜변乙卯倭變이 발발하면서, 상황
은 더욱 악화되었다. 왜구의 침공 소식이 전해지자 전라 병사 원
적元績은 장흥 부사 한온과 영암 군수 이덕견과 함께 군사를 이끌
고 달량포 요새로 급히 달려갔다. 그렇지만 지원군의 도움을 전
혀 받지 못한 조선군은 왜구의 3일 동안의 포위 공격 속에 패배
했고, 병사를 비롯한 전군이 몰살되는 대참사가 벌어졌다. 이후
왜구들은 영암, 장흥, 나주 등지를 침공하여 노략질을 자행하다
가 해안으로 물러났다.
　　김취문은 청송의 관군을 소집하여 전쟁에 대비했다. 박운에

게 보낸 편지에서, "금년은 기근이 극심한 데다가 적변賊變까지 맞았습니다. (왜적들이) 장수를 죽이는 데까지 이르렀으니, 국가 백년의 치욕이라 할 만합니다. 적들이 어디까지 왔는지 알 수 없어서, 저는 군사들을 정비하여 전쟁을 대비하고 있습니다. 이로 인해 (여름) 농사가 폐농할 것 같으니, 이 같은 근심과 민망함을 어찌 말로 다 하겠습니까?"라며, 안과 밖 이중의 고통을 토로하고 있다.(『久庵集』,「與朴龍巖」[乙卯])

청송부사 직은 1559년(명종 14)까지 무려 6년이나 계속되었다. 46세에 부임했던 그는 이제 인생의 후반기에 접어든 51살의 초로가 되었다. 1558년(명종 13) 2월, 오랜 지방관 생활로 심신이 지쳐 가던 그에게 사간원司諫院 사간司諫(종3품)에 임명되었다는 뜻밖의 소식이 들려왔다. 영천과 청송에서 보여 준 탁월한 능력을 높이 산 인사 담당자들이 그의 침체를 안타까워한 까닭이었다.[5] 그렇지만 그에 대한 훈척들의 반감은 여전했고, 그들은 그가 중앙관으로 복귀하는 것을 결코 용납하지 않았다. 하루 뒤인 2월 7일, 대사간 윤인서를 비롯한 사간원 관료들은 다음과 같은 의견을 명종에게 제출했다.

사간은 사간원의 차관이기 때문에 아주 엄격하게 선임해야 합니다. 김취문은 예전에 의논을 좋아하는 흠이 있는 사람인데, 갑자기 이 벼슬에 제수되었습니다. 그로 인해 여론이 들끓고 있습니다.

결국 그의 사간 임명은 훈척들의 조직적인 반발에 부딪쳐 없던 일이 되고 말았다. 그는 결코 중앙 무대에 발을 디뎌서는 안 될 요주의 인물이었다. 훈척의 입장에서 볼 때 그는 "의논을 좋아하는 흠을 가진", 이른바 사림파 관료였다. 그럼에도 불구하고 그를 중앙 관원으로 소환하려는 물밑 움직임은 이후에도 계속되었다. 이듬해인 1559년(명종 14) 성균관成均館 사예司藝(정4품)에 임명된 것이 그런 사정을 웅변한다. 그렇지만 서울로 올라와 국왕에게 사은賜恩을 하기도 전에, 그는 상주 목사로 전격 전보되었다. 그에 대한 관료사회의 평판은 이렇듯 높아졌지만, 그에 대한 훈척들의 견제의 강도도 점점 심해지고 있었던 것이다.

아니나 다를까, 이번에 다시 목사로 부임하게 된 상주 또한 당시 경상도에서 가장 피폐한 고을로 꼽힌 지역이었다. 부임 직전 상주 상황은 1561년 가을 이황李滉(退溪, 1501~1570)이 지은 상주의 관문인 풍영루風詠樓 발문에서 확인할 수 있다. 그는 상주가 "몇 년 동안 계속해서 흉년이 들어 공사公私의 재정이 모두 탕진된" 지역이었다고 운을 뗀 뒤, 이곳의 목사로 부임한 선산의 김문지金文之(김취문)가 '예전의 명성 그대로' "학문을 권장하여 이치에 도달하게 하고, 재해 상황에서도 더욱 열심히 노력하여 백성들을 돌보고 관아의 재정을 절약함"으로써 2년 만에 "상주의

풍영루(상주시 서성동 왕산역사공원 내)

행정이 통하게 되고 적폐들이 제거되었으며", 그 뒤로 "풍년이
들자 백성들이 기뻐했고 재정도 조금씩 여유를 갖게 되었다"고
적고 있다.(『久庵集』, 「諸賢記述」)

　단기간에 읍 사정을 회복시킨 탁월한 역량에도 불구하고, 그
는 1562년 봄 갑작스럽게 해직되었다. 이황은 제자 황준량黃俊良
에게 보낸 편지에서, "문지가 중건하려 한 풍영루가 이제 막 완
공을 앞에 두고 있습니다. 그런데도 그가 낭패를 보아 임지를 떠

난다고 합니다.…… 문지가 어떤 마음을 갖고 있을지 모르겠습니다"(『退溪先生文集』, 권20, 「答黃仲擧」[壬戌仲春])라며 안타까워했다. 상주 목사 직에서의 갑작스런 해직은 그에 대한 훈척들의 견제가 그만큼 컸음을 의미한다. "당도當途들에게 거슬려 여러 번 외직으로 나갔다"는 후대의 평가가 그런 사정을 말해 준다. 영천, 청송, 상주 등 읍 사정이 유독 좋지 않은 군현들만 골라가듯 지방관에 임명되었지만, "청백淸白의 지조가 있었던" 그는 피폐해진 군현들을 정상 궤도로 올려놓는 탁월한 역량을 발휘하곤 했다.(『喚醒堂逸稿』, 「先考龍巖先生師友淵源錄·金久庵」) 이런 능력과는 별개로 그는 훈척들의 조직적인 반대와 견제에 부딪쳐 해직과 복직을 수없이 반복했다.

상주 목사 해임 이후 그는 고향 들성에 축조한 서재 대월재對越齋에 거처하면서 경서를 읽고 도학에 전념하는가 하면, 여가를 이용하여 각종 저술들을 남겼다. 그로부터 3년 뒤인 1564년(명종 19) 3월, 그는 56세의 나이로 또다시 나주 목사에 임명되었다. 그의 목사 임명 소식을 전하는 사관史官은 "몸가짐이 근신했고, 재직 중에 청렴하고 깨끗했다"라며 다시 한 번 그의 청망을 높이 평가했다.

대월재(고아읍 원호리 소재)

5) 1565년 을축경화乙丑更化와 중앙관 생활

황폐해진 지방 행정과 재정의 회복을 위해 불철주야 노력하던 그에게 마침내 한 줄기 서광이 비치기 시작했다. 1565년(명종 20) 4월 6일 문정왕후가 65세의 나이로 세상을 떠난 것이었다. "강하고 사나우며 질투심으로 가득 찼던(剛狠)" 왕후가 사망하자, 그녀와 윤원형 등 훈척 세력의 폭압 아래 숨조차 쉬기 어려웠던 사림파 관료들이 그제서야 한숨을 돌렸다. 당시 상황은 국왕 명종마저 '위망 상태'라고 고백할 정도로 최악이었다. 1566년(명종 21) 10월, 명종이 직언直言을 구하면서 내린 교서에서 그런 절박한 사정을 읽을 수 있다.

> 내가 어리석은 탓에 곧 '위망의 화'가 닥치지 않을까 두렵다.
> 공경대부公卿大夫들뿐 아니라 여항과 초야에 있는 사람들 중에서도 반드시 (나라를 구하는) 방책을 아는 사람들이 있을 것이다. 내가 (백성들의) 숨김없는 말을 들어 하늘의 자애로운 꾸짖음에 보답하려 하니, 각자 숨김없이 모든 소회를 말하라. 설령 그 말이 온당치 않더라도 죄를 묻지 않을 것이다.

국왕이 공공연하게 왕조의 위망을 언급할 정도로 다급해진 상황에서, 이제 주위를 돌아볼 여유를 조금이나마 갖게 된 사림파 관료들은 곧바로 새로운 사회의 건설을 위해 적극 나섰다. 사회가 무너져 내리고 왕조가 침몰해 가는 절체절명의 상황에서 사림파 관료들은 더 이상 머뭇거릴 시간적 여유가 없었다. 문정왕후 사후 사림파가 중앙의 권력을 신속하게 장악하게 된 정치경제적 배경이 이러했다.

이들은 이조·병조 및 의정부의 주요 관직들을 비롯해서 사간원·사헌부·홍문관 등 삼사의 주요 관직에 이르기까지 차례차례 장악해 들어갔다. 5월 8일 단행된 인사에서는 대사헌과 대사간에 이탁李鐸과 박순朴淳이 임명되는 등, 사림파 관료들이 사헌부와 사간원의 관직을 독차지하다시피 했다. 사간 이거李蘧만이 훈척 추종 세력일 정도로 사림파의 약진이 두드러진 것이었다.

사림파 관료들은 그해 7월 초순 거행 예정인 문정왕후의 국장國葬을 기다릴 여유조차 없었다. 나라를 이 모양으로 만들어 놓은 문정왕후와 훈척들에 대한 분노가 그만큼 컸고, 개혁에 대한 열의가 그만큼 강했기 때문이었다. 정국을 장악하는 데 성공한 사림파 관료들은 성균관 유생을 비롯한 전국의 지식인들과 폭넓게 제휴, 문정왕후 생전에 저질러 놓은 각종 폐습들을 척결하는 데 온 힘을 기울였다. 최우선 순위는 승려 보우普雨(1509~1565)와 영의정 윤원형에 대한 탄핵이었다.

보우는 추운 날씨에도 불구하고 무차대회無遮大會를 강행하여 문정왕후를 사망에 이르게 했다는 이유로, 윤원형은 20여 년이나 국정을 농단한 끝에 나라를 위망危亡 상태로 몰아넣었다는 이유로 탄핵되었다. 보우는 5월 13일 승직僧職을 박탈당했고 6월 25일 제주도 귀양형을 언도받았다. 비록 그가 귀양형에 처해졌지만, 윤원형이 뒤를 봐주는 한 그의 위세는 여전했다. 윤원형은 고을 수령들에게 잘 보살펴 줄 것을 청탁했고, 대부분의 지방관들은 보우를 마치 칙사 대접하듯 했다. 그렇지만 나주 목사 김취문만은 달랐다. 다음은 어숙권魚叔權의 『패관잡기稗官雜記』에 나오는 내용이다.

> 요승妖僧 보우가 제주도로 귀양 갈 때였다. 윤원형이 종 두 명을 시켜 그를 호송하면서, 편지로 연도沿道의 수령들에게 지공支供을 잘 해 줄 것을 지시했다. 이로 인해 도처에서 보우를 영접하는 것이 혹 미치지 않을까 우려했다. 그렇지만 나주 목사 김취문은 그를 바로 감옥에 가두고 윤원형의 종들과 내통하지 못하게 했다. 사람들이 그의 이런 행동을 위태롭게 여겼지만, 식자들은 모두 옳다고 여겼다.

보우 처단이 전국 유생들의 주도로 이루어졌다면, 윤원형에 대한 탄핵은 삼사가 이끌었다. 8월 3일 대사헌 이탁과 대사간 박순은 그를 처단해야 한다는 강력한 메시지를 담은 연명聯名 차자를 명종에게 올렸다. 이것을 신호탄으로 하여 양사의 전 관원, 3

대신을 비롯한 재상급 관료, 중앙의 당하관 전 관원, 심지어 종실까지 동참하는 가운데, 윤원형을 처단하라는 목소리가 커져 갔다. 중앙의 전 관원이 모두 한목소리가 되어 외치는 상황에서, 윤원형은 8월 14일 영의정에서 해임되었고, 도성 출입이 불허되었다.

이튿날 영부사領府事 이준경李浚慶(東皐, 1499~1572)이 영의정에 임명되었다. 당시 사림파의 영수로 추앙받던 그의 수상직 임명은 사림파가 사실상 정국을 장악했음을 대내외에 선포하는 역사적 사건이었다. 8월 21일에는 윤원형의 공신 작위가 박탈되었고, 8월 26일에는 관작이 삭탈되고 도성에서 축출되었다. 권력의 축이 사림파 측으로 완연하게 기운 상황에서, 양사는 다음 수순으로 그의 추종 세력에 대한 공세를 이어 나갔다. 그 결과 8월 27일 윤원형의 첩에서 부인으로 격상된 정난정鄭蘭貞을 비롯해서, 윤춘년尹春年, 황대임黃大任, 안함安馣 등이 정계에서 축출되었다.

사림파의 승리를 목전에 둔 상황에서 외직에 머물러 있던 사림파 관료들의 중앙 복귀가 속속 이루어졌다. 가장 먼저 복귀한 이는 김취문이었다. 그는 그해 9월 12일 성균관成均館 사성司成(종3품)에 임명, 20년 만에 중앙 무대를 밟았다. 그는 이후 삼사와 의정부의 요직을 두루 거치면서 승진을 거듭했다. 【표 6】은 1565년(명종 20) 4월 이른바 을축경화乙丑更化 이후 사망한 1570년(선조 3) 3월까지, 6년 동안 그가 거쳐 간 관직을 표로 만든 것이다.

【표 6】에서 확인할 수 있듯이, 그는 성균관 사성으로 중앙관

	의정부	사헌부	사간원	홍문관	기타	인물평
					【표6】1565년 을축경화 이후 김취문의 관력	
1565.09					사성(종3)	○
1566.03	검상(정5)					○
1566.04	사인(정4)					○
1566.09		집의(종3)				
1566.10	사인					
1566.윤10				교리(정5)		○
1566.12			사간(종3)			
1567.05	사인					
1567				응교(정4)		
1568					동부승지(정3)	
1568					강원도관찰사(종2)	
1569					호조참의(정3)	
1569			대사간(정3)			
1570					좌부승지(정3)	
1570				부제학(정3)		

이 된 이래, 의정부 검상(정5품)과 사인(정4품), 사간원의 사간(종3
품), 대사간(정3품), 사헌부의 집의(종3품), 홍문관의 부제학(정3품),
그리고 관찰사(종2품), 승지(정3품), 참의(정3품) 등 청요직을 두루
역임했다. 당시 그에 대한 관료사회의 평가는 칭찬 일색이었다.

"사람이 꾸밈이 없고 까다롭지 않다. 벼슬살이할 때는 청렴했고, 백성들을 사랑으로 대했으며, 법도 있게 처신했다. 나주 목사에서 이 직에 임명되었다"(1565년 9월 사성 임명 시), "천성이 깨끗하고 간략하여 지조를 지켰으며, 구차히 어울리는 것을 좋아하지 않았다"(1566년 3월 검상 임명 시), "강직하고 방정하며 지조가 있어서 고을을 잘 다스렸다. 깨끗하고 간략하여 번잡하지 않았다"(1566년 4월 사인 임명 시), "기국이 온아했다"(1566년 윤10월 교리 임명 시) 등이 그에 대한 대체적인 평이다. 한 사관만이 "넓고 원대한 도량이 없다"(1566년 4월 사인 임명 시)는 다소 비판적인 평가를 내렸을 뿐이다.

"동향인同鄕人 박영에게 수학했고, 형 김취성에게 훈자薰炙하여 얻은 것이 많았다. 얼마 전까지 을사 당로자當路者들에게 거슬려 20여 년간 주군州郡에서 유락流落했다"(1566년 10월 교리 임명 시)는 사평史評에서 짐작할 수 있듯이, 송당의 고제인 그는 지조와 대절大節로 인해 을사사화 이후 20여 년 동안 지방관직을 전전했던 대표적인 사림파 관료였다. 그의 문집인 『구암집久庵集』에는 삼사 관원과 승지 시절 그의 정치적·학문적 성향을 보여 주는 각종 차자箚子들이 수록되어 있다.

○ 고위 관료들이나 종실宗室을 예장禮葬할 때 수군水軍을 역군役軍으로 동원하면서 그들에게 돈을 징수하는 폐습이 있

다. 앞으로는 역에 동원하는 수군을 절반으로 줄이고, 그들에게 대가를 지급해야 한다.(1566년 집의)

○ 사섬시司贍寺 전·현직 첨정僉正들은 모두 연로한 문음門蔭들이다. 이로 인해 아전들이 태만하고 관노官奴들이 물건을 훔치는 행위가 빈번하게 발생하고 있으니, 문음의 첨정 임용을 자제해야 한다.(집의)

○ 병조는 왕릉의 수호군守護軍으로 차출된 자들을 다른 역으로 옮기는 것을 엄격하게 금지해 왔다. 과천 현감 유용庾容은 외척 심전沈銓의 청탁을 받고 정릉靖陵 수호군 한 명을 그의 반인伴人으로 만들었으니 파직시켜야 한다.(집의)

○ 근래 변장邊將들 가운데 제대로 된 인재가 없어서 국방 업무가 제대로 되지 않는다.(1566년 사간)

○ 금년(1566)은 봄부터 여름까지 가뭄이 심했고, 가을에도 가뭄이 든 탓에 보리와 벼 작황이 좋지 않다. 이런 비상 시기에는 하늘을 공경하고, 백성들을 잘 보살펴야 한다.(사간)

○ 금년(1566)은 작황이 부실하고, 중국 사신도 파견될 예정이

다. 그렇지만 공사公私의 저축이 모두 바닥난 상태이니 내
년 백성들의 생계가 참으로 걱정이다. 경상비를 비롯한 모
든 정부의 지출을 삭감하여 절약하고, 일체의 잡비를 제거
해야 한다.(사간)

○ 문정왕후의 신위를 종묘에 부묘祔廟할 때 중국에서 조사弔
使가 파견될 터이다. 명 사신이 오게 되면 으레 성균관 유생
들과 늙은 기생들로 하여금 결채結綵하고 가요를 부르게 하
는 전례가 있다. 봉축奉軸 이외 일체의 다른 의식을 폐지하
여 민간의 폐단을 조금이라도 줄여 주어야 한다.(사간)

○ 평안도는 중국 및 여진족과의 외교·국방 문제로 중요한
곳이어서, 각종 부세를 그곳에 유치留置해 왔다. 최근 왕실
과 권세가들이 세금 징수와 상행위를 위해 내수사內需司 노
비나 상인들을 그곳에 파견한 탓에, 각종 불법과 비리가 판
을 치고 있다. 평안도의 보호를 위해 왕실이나 권세가들의
경제 활동을 억제해야 한다.(1567년 응교)

위의 차자들은 명종 후반~선조 초반 일상적으로 벌어지고
있던 권력자들의 불법과 비리들을 적발하고, 문제점을 개선하고
자 국왕에게 개진했던 내용들이다. 당시 삼사의 핵심 관원(집의,

사간, 응교)이었던 김취문은 왕실과 훈척세력이 주도하는 이와 같은 권력형 비리와 불법의 개선에 비상한 관심을 가지고 있었다.

그는 을축경화 이후 여전히 권좌 가까이 있으면서 호시탐탐 재기를 노리던 훈척들을 제거하는 데도 소매를 걷어 붙였다. 1566년(명종 21) 10월 집의 재직 시절 당대의 권세가인 외척 심전 沈銓(인순왕후 심씨의 종숙)과 한성 판윤 남궁침南宮忱을 탄핵하여 관직에서 축출하거나, 1569년(선조 2) 6월 동부승지 시절 사림파 관료들을 '기묘사림의 잔당'이라며 넌지시 비판한 대사헌 김개金鎧를 탄핵하여 정계에서 영원히 방출시킨 것이 대표적인 경우였다. 김개 탄핵 당시에는 좌승지 기대승奇大升, 우승지 심의겸沈義謙, 우부승지 이심李湛, 동부승지 송하宋賀 등 다섯 명의 승지들이 합계合啓 방식으로 맹공을 퍼부은 끝에, 그를 축출하는 성과를 거두었다.

이처럼 그는 1565년(명종 20) 을축경화 이후 중앙 관원으로 복귀한 이래, 삼사 및 의정부의 주요 관직들을 두루 거치고, 개혁 정책을 쏟아내는가 하면, 훈척세력의 처단에 앞장선 사림파 관료였다. 그렇지만 중앙관으로 복귀했을 때 이미 57세의 고령이었던 그는 6년 동안 격무에 시달린 끝에 건강이 급격하게 악화되었다. 특히 1568년(선조 원년) 60세에 강원도 관찰사 직을 수행하면서 건강을 잃었고, 이후 조리할 틈도 없이 승지, 호조 참의, 대사간 등 중책을 맡았다. 과로가 연속되는 상황에서 1570년(선조 3)

벽두부터 중병에 시달렸고, 결국 3월 18일 우소가 있던 회현방에서 62세를 일기로 운명했다. 그날 국왕 선조가 내린 홍문관 부제학 임명 교지敎旨가 집에 도착했다.

서거한 지 열흘가량 지난 3월 하순, 그의 사망 소식을 들은 선조는 예조 좌랑 정지연鄭芝衍(1525~1583)에게 제문과 제물을 갖추어 그의 영령 앞에서 제사지낼 것을 지시했다. 선조의 그에 대한 평가를 「사제문賜祭文」(『久庵集』에 수록)을 통해 살펴보도록 하자.

젊어서부터 시망時望에 부합하여, 이름이 계방桂坊(문과)에 올랐으니 빛난 소문이 날로 드러났다.

운각芸閣(교서관)에서 편안히 노닐며 수양함이 더욱 돈독했다.

춘관春官(예조)에서 드날린 출발이 군계일학群鷄一鶴이었다.

몸이 비록 지방의 막료(도사)가 되었지만 마음은 왕실로 향했다.

(인종 대) 항소抗疏(禮疏)로 경계하여 성의가 간절했다.

이름이 잠시 정체되었으니 누가 천운이라 하지 않았던가?

선행을 행함이 날로 아름답고 조행操行이 더욱 굳었다.

여러 번 주군州郡에 임하여 몇 번이나 능력을 시험했던가?

조세 상납 재촉하는 일은 서툴렀지만 백성 어루만지는 일에는 성심을 다했다.

선왕(명종)께서 날마다 경卿을 생각하셔서 청반淸班으로 이끄셨으니 그 명성이 크게 떨쳤다.

미원薇垣(사간원)에서 선을 취하고 악을 버림을 권했고, 상대霜
臺(사헌부)에서는 기운이 격발했다.

중서中書(의정부)에서 당당히 걸었고, 옥당玉堂(홍문관)에서 논
사論思를 맡았다.

내가 왕위를 계승한 뒤에도 그대가 힘쓴 덕은 실로 가상했
다.……

2. 도학자의 길

1) 송당松堂의 고제

송당학파의 고제 김취성을 맏형으로 둔 김취문은 11세가 되던 1519년(중종 14)부터 형의 훈육을 받으면서 공부를 시작했다. 1528년(중종 23) 나이 20세가 되었을 때, 형의 추천으로 송당 문하로 나아가 성리학에 입문했다. 스승과의 첫 만남에서 그는 '존양성찰存養省察'의 요결을 물었고, 이후 스승의 가르침 속에 '계오契悟'했다. 맏형이 스승을 처음 만났을 때 '존양성찰'의 요점을 묻고, 송당이 '무극無極·태극太極의 묘리妙理'로 그를 가르쳐, 자득自得했던 것과 같은 이치였다. 이후 김취문은 스승의 기대 속에

송당학파를 대표하는 고제 가운데 한 사람으로 성장해 갔다.(「墓
誌」[崔應龍 撰] 및 「伯氏眞樂堂先生墓誌」; "墓誌"; 『久庵集』에 수록)

송당학파에서의 그의 위상은 1535년(중종 30) 들성 서산재西山
齋에서 김취성, 박운과 함께한 강회에서 확인할 수 있다. 해평 고
곡에 살던 박운이 의심처에 대해 토론하고자 김취성을 방문했을
때, 27살의 청년 김취문도 당당한 학자의 자격으로 이날 강회에
참가했다. 김취성과 박운은 당시 44세, 43세의 중년으로 도학자
로서의 명성이 한창 높아가던 중이었다. 이날 저녁 의문점을 많
이 깨쳐 잔뜩 흥에 겨워진 김취문이 벌떡 일어나 형과 선배에게
엎드려 절하면서, "오늘 이 방의 모임은 삼대三代의 사업이라도
이룰 만합니다"라며 감격해했다. 훗날 김취문은 이날의 감회를
다음과 같이 술회했다.

> 이 날은 달빛이 대낮처럼 밝았고 주위가 아주 고요했다. 우리
> 세 사람은 조용히 산보하면서 시를 읊조렸는데, 정신이 개운
> 하고 깨끗해졌다. 오랜 가뭄 끝에 단비가 내린 것보다 정신이
> 더 맑았다.
>
> 『환성당일고』, 「사우기문록師友記聞錄」

이날 이후 김취문은 맏형뿐만 아니라 17살 연상인 박운에게
도 스승으로 대했고, 박운도 그를 깍듯이 벗으로 대해 주었다. 박

운은 그에 대해 "식량識量이 밝고 바르며, 도道를 보는 것이 아주 정밀해서, 우리들 가운데 최고다"라며 높이 평가했다. 송당학파의 두 기둥인 김취성과 박운으로부터 허여 받은 그는 이후 두 선배와 함께 선산에서 활동하던 송당학파의 3대 고제로 인정받았다.

2) 도학자를 꿈꾼 사림파 관료

스승 박영의 허여, 두 선배 학자의 추중 속에 빼어난 학자로 성장해 가던 그는 1537년(중종 32) 29세의 나이로 문과 별시에 합격, 관직에 첫발을 디뎠다. 김안로金安老가 국정을 장악하고 있던 시절, 김정국金正國의 방하榜下에서 병과丙科 제2인, 곧 6등의 성적으로 합격한 그의 대책문은 "군주의 마음을 바루어 사정邪正을 분변해야 한다"라는 내용이었다. 심통원沈通源(1499~?)은 '김안로가 충당忠讜'이라는 글을 써서 장원으로 뽑혔는데, 당시 사람들은 "두 사람 가운데 누가 현인賢人인지, 사인邪人인지를 바로 분별할 수 있다"라고 평했다.(「墓誌」[崔應龍 撰] 및 「遺事」[玄孫 金相玉 所錄]; 『久庵集』에 수록)

심통원은 문과 장원에다가 명종의 왕후인 인순왕후仁順王后 심씨沈氏(1532~1575)의 종조부라는 인연으로, 이후 승승장구하여 좌의정까지 오른 당대의 권신權臣이었다. 이런 전력 탓에 사림파 관료들은 그를 대놓고 혹평했다. "자질이 용렬하고 언어가 허황

되며 울고 웃는 것을 종잡을 수 없었는데, 김안로에게 아첨하여 괴방魁榜(장원)에 뽑혔다. 그로 인해 청의淸議에 용납되지 못했지만, 척속戚屬이라는 이유로 삼공에까지 올랐다"라는 것이 그에 대한 사림파의 대체적인 평가였다.

1537년 정유丁酉 별시의 동방 급제자 9명 가운데 단연 돋보인 대책문은 김취문의 것이었다. 당시 그의 대책문을 읽어 본 사람들은 모두 "사람을 얻었다"라고 평했다. 1561년 상주 목사 재직 시절 그의 부탁으로 풍영루의 발문을 쓴 이황은 "김 후는 이름이 취문이고 황 후는 이름이 준량이다. 모두 괴과魁科(갑과 장원)로서 당대에 드러난 이들이다"라고 그를 기억했다.(『久庵集』,「諸賢記述」) 1570년 그가 서거한 이후 대사간 박계현朴啓賢은 그를 추모하는 제문에서, "궐정闕廷의 대책對策은 그날 이름을 떨쳤도다"라는 사실을 특기했다. 그가 문과에 급제한 지 25년, 44년이 지났음에도 불구하고, 그의 대책문은 사림파 관료들 사이에서 여전히 널리 회자되고 있었던 것이다.

교서관 정자로 관직에 첫발을 디뎠을 때, 송당의 고제라는 학문적 연원, 문향 선산 출신이라는 지망地望, 그리고 이언적의 절친인 송희규의 처남이라는 혈연 등이 그를 형용하면서, 그는 단번에 중앙 정계에서 주목받는 명사가 되었다. 그의 진가는 인종 대 빛을 발했다. 인종이 세자로 있을 때 시강원 관원으로서 왕세자의 학문적 성취에 공헌한 데다가, 강원도 도사 시절 삼년상

백세각百世閣(송희규의 누각, 성주 초전면 고산리 소재)

을 주장하는 예소禮疏를 올림으로써 새 군왕으로부터 호평을 받
은 탓이었다. 그렇지만 "그를 크게 임용하려 했던" 인종은 1545
년 7월 즉위한 지 8개월 만에 급서했고, 그를 비추던 광명은 이내
사라지고 말았다.

인종이 승하한 지 9일 뒤인 1545년 7월 9일, 그는 부친상을
당하여 선산 들성에서 거상居喪에 들어갔다. 이때부터 탈상을 하
고 관료로 복귀했던 1547년 윤9월까지 2년 3개월은 그야말로 광
풍이 몰아치던 급변의 시기였다. 명종이 즉위하자마자 을사사화

가 발발했고, 이 사건으로 집안의 기둥이었던 자형 송희규가 전라도 고산으로 유배되었고, 맏형의 동지우 이언적 또한 평안도 강계로 유배를 떠났다. 명종 즉위 이후 정치 상황이 돌변하면서, 인종의 총신이었던 그의 환로에 먹구름이 짙게 드리워졌던 것이다.

을사사화 이후 훈척들이 국정을 주도한 이른바 '훈척 정국'은 그와 전혀 어울리지 않았다. 이 시기 대부분의 관료들은 살아남기 위해서 또 출세하기 위해서, 불의를 보고도 못 본 체하고, 권력에 아첨하고, 권세가들에게 줄을 대고, 또 그들의 지시를 충실히 따라야만 했다. 그는 이런 일들과는 무관한 사람이었다. "선을 좋아하고 악을 싫어했으며, 남의 허물을 덮고 의義를 드러내는" 사람이었기 때문이다. 더구나 그는 "평생 권세나 잇속에 관심이 없었고, 스스로를 지키며 단정했으며, 고고孤高한 절의가 특립特立하여 권귀權貴들을 보면 마치 자신이 더럽혀질 듯" 여긴 결벽주의자였다.(『喚醒堂逸稿』,「先考龍巖先生師友淵源錄·金久庵」)

원래 격의가 없고 소탈하며 소박한 성정의 소유자였던 그는 20대에 도학을 접하면서 이런 기질이 더욱 강해졌다. 두 가지 일화를 통해 그의 성격이 어떠했는지를 살펴보도록 하자. 첫 번째 일화이다. 그는 1544년 강원도 도사 시절 금강산 표훈사表訓寺의 노승 성원性源을 만나 '영응설靈應說'을 주제로 논란을 벌였다. 두 사람의 오랜 논변이 끝이 난 후 노승은 36세의 젊은 관료를 다음과 같이 평했다.

조양각朝陽閣(옛 명월루, 영천시 창구동 소재)

공께서 금강산으로 오신다는 이야기를 듣고, "벼슬길에서 노
니는 공자公子들은 소견이 좁아 부귀만을 과장한다. 그러니 나
는 결단코 그를 만나지 않겠다"라고 생각했습니다. 그런데 지
금 공을 뵈오니, 깨끗한 기품이 소담해서 조금도 자만하거나
인색하지 않으며, 백의白衣의 서생書生 같아서 부귀를 드러내
는 모습이 전혀 없습니다.

『구암집』, 「증금강승영응설贈金剛僧靈應說」

　두 번째 일화이다. 영천 군수 재직 시절(1549~1552) 그는 영천
의 명월루明月樓를 관광하기 위해 방문한 심수경沈守慶(1516~1599)

을 만났다. 문과 장원을 한 재원인 데다가 이조 좌랑을 역임한 당대의 명사 심수경은 1550년(명종 5) 백부伯父가 부사로 있던 대구를 방문했다. 이때 업무 차 대구를 들른 하양 현령 민지閔寘가 명월루가 승경이라며 동행할 것을 권했다. 기묘사화의 원흉 심정沈貞의 손자인 그가 송당의 문인이자 을사사화의 피화자인 그곳 군수를 보는 것은 여간 껄끄러운 일이 아니었다. 이 때문에 그는 "군수와는 안면식이 없고 더욱이 내가 현재 벼슬하고 있지 않으니, 영천 구경은 당치 않다"라며 사양했다.

그렇지만 민지가 자꾸 권하는 바람에 결국 명월루를 찾게 되었다. 손님을 맞은 김취문은 간단한 술상을 차렸고, 시명詩名이 자자하던 손님에게 시 한 수를 청했다. 심수경이 계속 사양하자, 몇 잔 술이 오가는 사이 취기가 조금 오른 틈을 타 "저는 평생 시를 짓지 않습니다만, 오늘은 훌륭한 시를 보고 싶어서 이렇게 먼저 짓습니다"라며 김취문이 칠언율시 한 수를 꺼내 놓았다. 이렇게 되자 심수경도 어쩔 수 없이 그 자리에서 화시和詩를 써 내려갔다. 이튿날 아침 심수경과 민지가 떠날 즈음, 어젯밤 군수가 내놓은 시가 명월루 현판의 시라는 것을 알아 차렸다. 김취문은 "제가 제 시인 양하면서 그대를 속였습니다"라며 웃음 지었고, 세 사람은 모두 크게 웃고 기분 좋게 헤어졌다.(沈守慶,『聽天堂遺閑錄』)

송당 문하의 동문이자 후배 관료였던 최응룡崔應龍(1514~1580)은 "그가 평소 조용히 거처할 때에는 희롱하고 웃으면서 규각圭

角을 잘 드러내지 않았다"라고 평한 적이 있다. 그가 뜻이 맞는 사람을 만나면 농담하고 또 남을 웃길 줄도 아는 기지 넘치는 사람임을 위 일화가 증명해 준다. 위 일화에서 확인되는 또 다른 사실은 그가 평소 시를 즐겨 짓지 않았다는 점이다. 사장학詞章學이 도학을 방해한다고 굳게 믿었기 때문이다. 사간으로 재직하던 1567년(명종 22) 2월, 경연에 참가한 그가 국왕 명종에게 제왕帝王의 공부법에 대해 설파한 것에서 그런 사정을 엿볼 수 있다.

제왕의 학문은 문사文士의 사장학과 달라서, 수기修己·치인治人과 체용體用·본말本末을 구비해야 합니다. 사장학이란 다만 화려한 문장으로 사람들의 이목이나 즐겁게 하는 것입니다. 삼백편三百篇 작자作者의 본뜻을 토로하는 의의가 없이, 오직 힘을 기울이는 것이라고는 성률聲律의 교졸巧拙에 있을 뿐입니다. 이것은 시인이나 묵객이 할 일이지, 제왕이 할 학문이 아닙니다. 선유先儒가 '완물상지玩物喪志'라 했으니, 참으로 격언입니다. 옛날 송나라 고종高宗이 황정견黃庭堅(山谷, 1045~1105)의 시를 좋아했는데, 윤돈尹焞(1071~1142)이 "무슨 좋은 것이 있기에 그처럼 보고 계십니까?"라고 간한 바 있습니다. 그도 이것을 하지 말아야 한다고 주장하지는 않았습니다. 다만 한쪽으로 치우치면 본심을 잃는 피해가 있을까 염려했기 때문입니다. 시도 이러한데, 하물며 사람이 보고 듣고 말하고 움직이는 사이에 본심을 잃을 만한 일들이 어찌 많지 않겠습니까? 주상께서는 반드시 이것을 유념하셔야 합니다.

그에게 "사람들의 이목을 즐겁게 할 수는 있지만 본심을 잃어버리게 하는"(玩物喪志) 사장학은 경계의 대상이었다. 그가 평소 시나 문장을 지어 남들에게 과시하지 않은 까닭이 여기에 있었다. 그렇지만 그의 문장력은 결코 남에게 뒤지지 않았다. "그는 평생 의리義理에 근거하여 문장을 지었고, 붓을 들면 글이 되어 도도함이 끊이지 않았다. 그렇지만 이것을 드러내어 자랑하지 않은 탓에 알아주는 사람들이 적었다"라는 최응룡의 평에서 그런 사실을 확인할 수 있다. 평생 도학자를 갈구하던 그는 "마음속에 지키는 것이 금석처럼 굳셌고", 수행을 통해 온화하고 단아하며 조용한 성품을 길렀다.

그렇지만 을사사화는 도학자를 꿈꿨던 그의 평소 마음을 흔들어 놓았다. 현인선류賢人善類들이 죽어 나가고 숙청되는가 하면, 사회 기강이 무너져 내리고 나라가 위기 상황으로 빠져들게 되면서, 울분과 분노가 마음속 깊이 가득 찼기 때문이다. 때로는 그런 울분들이 밖으로 표출되곤 했다. 이런 그가 무척 위태로워 보였던지, 1551년 박운은 잠시 고향을 방문했던 김취문을 만난 자리에서 따끔하게 충고했다.

문지文之(김취문의 자)는 청류淸流가 급하게 흘러 '고요함이 적
은' 것에 비유할 수 있습니다. 모름지기 '오랫동안 고요한 것'
으로 호를 삼아 자경自警해야 할 것입니다.

『환성당일고』, 「선고용암선생先考龍巖先生 사우연원록師友淵
源錄 · 김구암金久庵」

　　선배의 쓴 충고를 들은 그는 안색을 바꾸고 그 자리에서 일
어나 절을 하면서, "제가 비록 명민하지는 않습니다만, 어찌 감히
복종하지 않겠습니까?"라며 감사를 표시했다. 그의 호 '구암久
庵'은 이때의 일화에서 비롯된 것이었다.

　　그를 형용할 때 언제나 따라다닌 인종의 총신, 송당의 문인,
선산 출신 명사라는 요소들은 명종 대 관직 생활을 해야 하는 신
진 관료에게는 치명적 약점으로 작용했다. 사화 이후 자형 송희
규와 김진종을 비롯한 선배들의 피화, 안명세, 강유선, 성우 같은
동문들의 죽음을 속속 접하면서, "고고한 절의가 특립特立했던"
그는 관직에 대한 미련을 일찌감치 접었다. 아나나 다를까 1547
년 윤9월 부친상을 마치고 부름을 받았을 때, 그를 기다린 것은
앞날을 기약할 수 없는 지방관 생활이었다.

　　그렇지만 그는 부임하는 곳마다 "청백淸白의 지조를 보였
고", 1552년(명종 7) 11월 많은 정치적 제약에도 불구하고 청백리
에 녹선 되는 저력을 보였다. 명종 대 권간들의 국정 농단 속에

군현들의 경제 사정이 갈수록 악화되었고, 그럴 때마다 그는 구원투수로 투입되어 위기를 구해 냈다. 이런 능력을 인정받아 그는 영천 군수를 시작으로, 청송 부사, 상주 목사, 나주 목사 등 주요 지방관직을 무난하게 수행하여 주위 사람들로부터 극찬을 받았다.

3) 유종儒宗 이황李滉의 허여

(1) 「진재기」

그가 평생 가슴속 깊이 간직한 꿈은 도학자가 되는 것이었다. 전라도 도사에서 해임되어 고향에 머물던 1548년(명종 3), 김희삼金希參(七峰, 1507~1560)에게 증정한 「진재기進齋記」(『久庵集』에 수록)에서 성리학에 대한 그의 이해 수준을 엿볼 수 있다. 맏형 김취성의 애제자인 김희삼은 성주 칠봉산 아래 진재進齋라는 서재를 짓고 친구에게 기문을 요청했다. "그 학문(其學)으로 나아가려 했지만 그렇게 하지 못했다"라는 것이 김희삼이 서재를 진재라 명명한 이유였다.

친구의 부탁을 받은 김취문은 요순堯舜이 주장한 "한결같이 정밀해야 중간을 잡는다"(精一執中者), 공자孔子와 안자顔子가 설파한 "학문을 널리 알고 예절을 지킨다"(博文約禮者), 맹자孟子가 강

칠봉산(517m, 성주 대가면 소재)

조한 "뜻을 모아 기氣를 기른다"(集義養氣者), 정자程子 · 주자朱子의 학문인 "공경을 위주로 하여 이치를 궁구한다"(主敬窮理者)는 것을 공부법(進學)으로 제시했다. 그렇지만 성인들이 가르친 공부법을 한마디로 요약하면 '양심養心'이 될 터였다. 그는 "양심에서 나아가면 성인의 경지가 멀지 않다"라고 설파했다. 김희삼이 가르침을 더 청하자, 그는 성학聖學의 요점을 다음과 같이 부연 설명했다.

정精이라는 것은 정미精微로운 데로 나아가 궁리窮理하는 것이며, 일一이라고 하는 것은 높고 밝은 데를 다해 존양存養하는 것입니다. 학문이 넓으면 정미한 공功에 나아갈 것이고, 예절을 지키면 고명高明한 도리에 이를 것입니다. 맹자, 정자, 주자의 학문이 모두 여기에서부터 밝혀졌습니다. 전성前聖과 후성後聖들의 법도가 두 가지로 나뉘어 다른 것이 아닙니다. 이것에 종사하여 진퇴를 그치지 않으면, 도道에 이르는 것이 어렵지 않을 것입니다.

그러면서 그는 "한 치(寸) 나아가면 한 치의 효과가 있고, 한 자(尺) 나아가면 한 자의 공이 있습니다. 그러니 척촌尺寸의 효과로도 천지와 더불어 크기가 같을 수 있습니다. 군자의 배움은 나아감은 있어도 물러섬이 없어야 하는 것이 이와 같습니다"라며 진학의 방법을 제시했다.

「진재기」는 그가 40세 때 쓴 글로 그의 성리학 수준을 잘 드러내는 명문이었다. 이 글은 그로부터 13년이 지난 1560년 성주 목사로 부임한 황준량黃俊良(錦溪, 1517~1563)의 눈길을 사로잡았다. 김희삼의 서재인 진재에 걸려 있는 기문을 발견한 그는 이 글이 김희삼의 스승인 김취성의 글이라 짐작했다. 큰 감동을 받은 그는 스승 이황李滉(1501~1570)에게 이 글을 소개했다. 이 글에 대한 이황의 감상은 다음과 같다.

칠봉七峰(김희삼)의 진재설進齋說을 보내준 것에 대해 깊이 감사합니다. 처사處士 김취성金就成의 이름은 오래전부터 듣고 있었습니다. 지금 비로소 그의 문자를 구해 읽어 보니 사모하는 마음이 절로 생깁니다. 말세에 이처럼 자처自處하는 사람이 있으니, 경탄할 만한 일입니다. 그 말에 득실이 있으니, 제가 실로 미치기 어렵습니다.

『퇴계선생문집』, 권20, 「답황중거答黃仲擧」

그런데 황준량은 이내 이 글이 김취문의 작품이라는 것을 깨달았다. 다음은 황준량이 이황에게 보낸 답장이다.

칠봉의 설에 대해 다시 물어 보았더니, 상주 목사 김문지(김취문)가 저술한 것이었습니다. 제가 처사(김취성)의 작품이라 이해한 것은 전해 준 사람의 잘못이었습니다. 일찍이 문지와 함께 문난問難을 했었는데, 소견이 자못 강이剛而(이정의 자)보다 낫고 뛰어납니다. 다만 (공부를) 중단(作輟)하는 것이 무상한데, 이것은 (관직 생활을 하는) 우리 동료들에게 공통적으로 나타나는 병통입니다.

『금계선생문집』, 권4, 「상퇴계서上退溪書」

당시 황준량은 상주 목사 김취문, 경주 부윤 이정李楨(龜巖,

1512~1571)과 활발히 교유하고 있었다. 이정과 황준량은 퇴계 문하에서 수학한 초기 퇴계 제자들이었다. 이 무렵 황준량은 이황이 찬술한 『주자서절요朱子書節要』(이하 『절요』)의 간행을 위해 동분서주했고, 김취문과 이정의 경제적 지원을 받았다. 황준량은 『절요』 간행과 관련하여 스승에게 많은 서신을 보냈고, 이 과정에서 김취문과 이정의 학문 수준을 품평한 그의 견해를 첨부하기도 했다. 그는 김취문의 수준이 더 높다고 평했다. 이황도 「진재기」를 극찬한 것으로 미루어, 김취문에 대한 두 사람의 허여와 추중이 어떠했는지를 짐작할 수 있다.

(2) 경외하는 벗(畏友)

이황이 김취문을 알고 지낸 것은 이보다 훨씬 전이었다. 평소 존경했던 이언적과의 폭넓은 교유, 인종 대 홍문관의 동료 관원, 을사사화 당시 그가 보여 준 '대절大節'을 익히 알고 있었기 때문이다. 명종 초반 이황은 홍문관弘文館 전한典翰 등 중앙관에 재임 중이었고, 부친상을 마친 김취문은 외직을 전전한 탓에, 두 사람이 만날 기회는 사실 없었다. 그럼에도 불구하고 두 사람의 인연은 이후에도 실낱같이 이어졌다.

김취문이 전라 도사, 영천 군수를 역임하던 명종 2~7년, 이황은 단양 군수(명종 3년), 풍기 군수(명종 3~4년)를 지냈다. 이황은 이 무렵 대표적 사지死地로 알려진 경주 부윤의 후보로도 거론되었다. 이때 수행한 지방관으로서의 능력을 인정받아, 두 사람은 1552년(명종 7) 11월 청백리에 동시에 선임되었다. 당시 이황은 예안에 머물렀고, 김취문은 모친상을 치르느라 선산에서 거상 중이었던 탓에, 궁궐 잔치에는 참가할 수 없었다.

두 사람은 만날 기회가 없었지만, 이황은 김취문의 자질과 품성을 높이 평가했다. 아래 일화에서 그런 사실을 확인할 수 있다. 1557년(명종 12) 65세의 노인 박운이 아홉 살 연하의 이황에게 제자의 예를 깍듯이 갖추고, 자신의 저술인 『격몽편擊蒙編』의 발문을 써 줄 것을 정중하게 요청했다. 이황은 답장에서 이미 김동인金同人의 발문이 있기 때문에 다시 쓸 필요가 없다며 사양했다.(『龍巖集』, 「與退溪書·答書附」[丁巳至月]) 그는 김취문을 '동인同人', 곧 동지로 칭했다.

박운은 1542년 『격몽편』을 완성하고 교정을 거듭 본 끝에, 1555년 김취문에게 발문을 요청한 바 있었다. 이때 김취문은 발문에서 성리학자들의 공부법으로 정자程子가 설파한 거경궁리居敬窮理를 제시하는 한편, 스승 박영의 인식론을 첨부했다. 경敬을 종지로 하여 "자득自得한 뒤에 조존操存해야 한다"는 것이었다.(『久庵集』, 「擊蒙編跋」) 득도 이후 끊임없는 실천을 통해 거경궁리로 나아가야 한다는 것이 송당의 가르침이었고, 박운과 김취문은 스승의 가르침을 충실하게 따랐다. 송당학파의 인식론과 공부법에 대해 굳이 이론을 제기할 필요가 없었던 이황은 동인同人 김취문의 발문이면 족하다고 여겼고, 이 때문에 『격몽편』의 발문 작성을 끝까지 사양했다.[6]

김취문에 대한 이황의 허여 정도를 알 수 있는 또 다른 사례로 김취문이 청송 부사로 재직하고 있을 때(1554~1559), 경주의 집경전集慶殿 참봉參奉이었던 아들 이준李寯에게 한 다음과 같은 당부를 들 수 있다.

> ○ 귀로에 청송을 경유하느냐? 청송 부사(김취문)는 비상한 사람으로 내가 경외하는 사람이다. 너는 모름지기 조심해서 알현하거라. 무릇 지나는 곳들은 모두 근신해야 하지만, 청송은 더욱 근신하거라.

> ○ 청송 가는 길이 비록 험난하지만 거해巨海를 보고 또 현인을 만나 보게 될 것이니, 어찌 좋지 않겠는가?

이황은 10살가량 연하인 김취문을 동인同人, 현인賢人, 외우畏友 등으로 추중하고 허여했을 뿐만 아니라, 그의 제자를 그의 문하로 보내어 가르침을 받게 했다. 김명일金明一(雲巖, 1534~1570)과 정지연鄭芝衍(南峰, 1525~1583)은 김취문이 청송 부사, 상주 목사 시절 문인이 된 제자들인데, 이들 모두는 퇴계의 제자라는 공통점이 있었다.

정지연은 이때 맺은 사제 관계를 평생 소중하게 간직했다. 1570년 스승 사후, 예조 좌랑으로 재직하던 그는 선조 명의의 사제문賜祭文을 작성했고, 제사에 직접 참여했으며, 문하생으로 만장을 헌증했다. 스승에게 올린 그의 만장은 다음과 같다.

혼후한 산천의 기상, 연원淵源 있는 학문의 공功이로다.
일찍이 남방에서 이름 드날리고, 궁중에서는 군주의 총애가 바야흐로 성했도다.
목숨 빨리 앗아 가니 하늘 실로 원망 되고, 이제 돌아가 쉬게 되었으니 일은 이미 다 끝났노라.
격몽擊蒙하신 은혜 아직 갚지도 못했는데, 슬픈 눈물 가슴을 배나 더 적시누나.

김취문은 조선 성리학의 완성자이자 유종儒宗으로 평가받은 이황과의 외우畏友 관계를 지속해 갔다. 그런 관계를 보여 주는 사례가 이황이 찬술한 『주자서절요』를 황준량의 주도 아래 간행하게 되었을 때, 상주 목사로 재직 중이던 그가 물심양면으로 지원을 아끼지 않은 것이었다. 황준량이 이황에게 보낸 편지에서 그런 사실을 확인할 수 있다.

『절요』를 교감하는 일은 지금 막 시작하려 합니다. 간행할 때
범례는 경계하신 것과 같이 하겠습니다. 다만 종이가 아주 귀
하여 널리 배포하지는 못할 듯합니다. 강이(이정)와 문지(김취
문)가 좌우에서 이끌어 도와주고 있습니다.

『금계집』 외집, 권7, 「답퇴계선생서答退溪先生書」(1558)

다음은 황준량이 1561년 『절요』의 간행으로 한창 분주했을
때, 이황이 그에게 보낸 편지의 일부이다.

지난번 찾아 낸 『회암서晦菴書』의 마지막 두 책을 마무리하여
보냅니다. (간행) 경비가 적지 않을 터인데도 이미 과반을 넘겼
다는 이야기를 들었습니다. 중도에 중지할 수는 없지만 관아에
피해를 줄까 아주 걱정스럽습니다. 문지와 강이 두 공이 그 사
이에서 힘을 다하여 꺼려하지 않는다 하니, 모르겠습니다.

『퇴계집』, 권20, 「여황중거與黃仲擧」

김취문과 이황, 황준량 사이의 신뢰가 이처럼 커지고 애정이
깊어 가는 가운데, 김취문은 상주 풍영루風詠樓의 기문을 황준량
에게 부탁하는 한편, 발문과 편액을 이황에게 부탁했다. 이황은
흔쾌히 발문과 편액을 써 주었다.

(1561년[명종 16] 가을 풍영루 준공을 앞두고) 목사 (선산) 김
(후)문지가 내게 급히 편지를 보내어 기문과 편액을 요청했
다.…… 황준량의 (상량문) 기문을 구해다가 읽어 보고 길게
탄식하면서, 옛말에 곤경을 겪지 않으면 이기利器를 이룰 수
없다고 했다. 저때를 당해 상주 사정이 어긋나 할 수 없었는데
도 김 후가 해냈고, 넓고 넓어서 일을 처리함에 여유가 있었다.
재주와 근본이 없었더라면 할 수 없었을 것이다. 황 후의 문장
도 오봉루五鳳樓를 짓는 수단이 있어서 드디어 무너진 것으로
성취한 바가 있고, 협소한 것을 개척하여 준걸하게 만들었으
니, 성곽과 문물이 한번 변하여 정채精彩해졌다. 산이 더욱 높
이 솟고 물이 한층 더 넓어진 듯하니, 위대하도다 이 거사
여!…… 김 후는 이름이 취문이고, 황 후는 이름이 준량이다.
모두 괴과魁科(甲科)로서 당대에 드러난 이들이다.

『구암집』, 「제현기술諸賢記述」

상주에서 선정을 펼친 김취문은 1562년 봄, 부임한 지 3년도
채 되지 않아 갑작스럽게 해임되었다. 이 소식을 들은 이황은 황
준량에게 다음과 같은 편지를 보냈다.

문지가 풍영루를 이제 겨우 완성하게 되었는데, 또 변고를 당
하여 낭패를 보아 임지를 떠난다고 합니다. 문득 들으니 놀랍

습니다. 이것이 비록 악풍惡風에서 나왔다지만 군자는 반드시 스스로 반성하여 새롭게 해야 합니다. 문지가 어떤 마음을 갖고 있을지 모르겠습니다. 또 강이가 사우祠宇를 세우려 한다는 이유로 비방이 들끓는다는 소식을 들었습니다. 지금은 비록 진정되어 간다 하지만 이 또한 미안한 일입니다. 대개 오당吾黨은 남들의 구설수에 많이 오르내리니, 사람들을 답답하게 해서 전혀 즐겁지 않습니다.

『퇴계집』, 권20, 「답황중거答黃仲擧」(壬戌仲春)

김취문은 풍영루 중건을 서두르고 황준량이 주도한 『주자서절요』의 간행에 적극 참여하던 시점에서 갑작스럽게 해직되었다. 이황이 "우리 당(吾黨)은 남들의 구설수에 많이 오르내린다"라고 안타까워한 것으로 미루어, 그의 해직이 풍영루 중건 및 『절요』 간행과 관련한 경제적 지원과 관련이 있을 가능성이 있다.

이황은 송당학파와 그 학풍에 대해서도 비교적 잘 알고 있었다. 송당 문인 최응룡이 이황의 문하로 나아가 제자가 되는 등 송당 문인들의 퇴계 제자로의 전향이 시작되었기 때문이다. 더욱이 1557년(명종 12) 박운이 아홉 살 연하의 이황에게 제자의 예를 갖추고 의심처를 묻게 되는 상황에서, 송당학파의 퇴계학파로의 경사가 한층 두드러졌다. 이황은 정붕鄭鵬(新堂)과 박영朴英(松堂), 김취성(眞樂堂)과 박운(龍巖), 그리고 김취문(久庵)으로 이어지는 선

산 출신 도학자들을 높이 평가했다. 박운이 『격몽편』의 발문을
써 줄 것을 요청했을 때, 그는 김취문의 발문이 있음을 상기시키
면서, "대저 인리仁里(선산)에 문학지사文學之士가 많은 것은 선배
들이 남긴 풍속이니 아주 훌륭합니다"라며 선산의 문풍을 높이
평가했다.(『龍巖集』,「與退溪書·答書附」[丁巳至月])

　김취문은 황준량과도 막역한 관계를 유지했다. 황준량이 아
홉 살 연하였지만, 양심 있는 관료로서, 경상도의 지방관직을 전
전하던 동료로서, 그리고 이황을 매개로 한 학문적 동지로서, 두
사람은 깊이 교유했다. 1560~1563년 황준량이 성주 목사로 재직
하고 있을 때 두 사람은 특히 빈번하게 접촉했다. 황준량은 마침
성주 향교의 교수教授로 부임한 오건吳健(德溪, 1521~1574)의 협조 아
래 영봉서원迎鳳書院의 중수, 공곡서당孔谷書堂과 녹봉정사鹿峯精舍
의 건립 등을 적극적으로 추진했다.

　그는 이 무렵 김취문의 도움을 받았다. 김취문은 처가가 팔
거(칠곡) 웃갓인 연유로 성주를 자주 내왕했고, 황준량을 만나고
자 이따금씩 성주 관아를 찾았다. 이런 인연으로 김취문은 웃갓
에 건립된 녹봉정사의 초대 강장講長으로 추대되었다. 녹봉정사
'강사록講舍錄'에 목사 황준량, 교수 오건 바로 다음에 상주 목사
김취문의 이름이 발견되는 것에서 그런 사실을 짐작할 수 있다.

4) 살아남은 자의 책무

훈척들의 집요한 감시와 견제 속에 더 이상 관직 생활을 이어 나가는 것이 무의미하다고 판단한 그는 1562년 상주 목사를 끝으로 고향에서 생을 갈무리하는 작업에 착수했다. 그는 들성에 만년에 거처할 서재 대월재對越齋를 축조하고, 그곳에서 『중용中庸』을 암송하고, 박약博約을 종지로 도학에 침잠했다. 여가를 이용하여 가족과 친족의 내력과 운영에 관한 여러 가지 저술들을 남겼다. 부친 김광좌의 묘갈墓碣, 맏형 김취성의 묘지墓誌, 선산김씨의 족보 편찬 등이 그런 것들이다.

그는 일생 그를 괴롭혔던 마음의 짐인 을사명현들에 대한 추모 사업 또한 꾸준히 벌여 나갔다. 맏형 김취성, 자형 송희규, 그리고 동문 강경선을 위한 묘지, 행장 같은 문자를 남기는 작업이 그런 것이었다. 그는 맏형을 다음과 같이 추모했다.

> 동생은 원통하고 형님을 사모하는 마음에 심장과 간담이 끊어지고 찢어지는 것 같습니다. 거듭 생각해 보니, 형님께서 불행히도 요절하셨고, 세상에 등용되지도 못했습니다. 그렇다 보니 사업이 이렇다 할 만한 것도 없습니다. 오직 도덕의 의연함은 세상에 알리지 않을 수 없는데, 이것을 아는 자 또한 드뭅니다. 형님보다 못난 동생은 그 뜻을 이어 업을 마치지 못하고,

또 만의 하나라도 세상에 드러내지 못합니다.

신중하고 믿음직하여 맏형과 함께 집안의 양대 기둥이었던
자형 송희규에 대해서는 다음과 같이 회상했다.

> 공은 평소에 엄연하게 단정히 앉아 이야기와 웃음이 따뜻해서
> 누구라도 즐겨 친하게 지냈다. 그렇지만 어떤 일에 이르면, 결
> 의와 판단이 확연해서 아무도 그 뜻을 빼앗지 못했다.…… (윤
> 원형 등이 대윤 3재상을 죽이려 했을 때) 사헌부 집의였던 공
> 은 "나는 비록 머리가 깨어지고 뼈가 가루가 되더라도 좇을 수
> 없다"라며 거절했다.…… 1567년 10월 신원되었을 때, "위인
> 이 순검純儉하고 학식이 고명高明했으며, 충효대절忠孝大節이
> 있다"라는 관료들의 계사啓辭는 공의 평생을 가장 잘 서술한
> 것이었다.

생원 강경선康景善(1514~1565)을 위해서도 묘지를 남겼다. 강
경선이 7~8세의 어린 나이에 김취성의 제자가 된 인연으로 두 사
람은 벗이 되었고, 이후 "30여 년간 아주 친밀하게 지냈다." 강경
선은 1549년(명종 4) '이홍남 무고 사건'에 연루되어 처형당한 강
유선康惟善(1520~1549)의 형이었다. 이 사건으로 그는 고향에서 유
배 아닌 유배살이를 하게 되었다. "기질이 순수하고 뛰어나 외식

外飾을 일삼지 않고 행동하는 것이 방정했으며, 의롭지 않은 행동이 없었던" 그는 홍인우洪仁佑, 노수신盧守愼 등과 교유한 명사였다. 그렇지만 동생의 죽음과 집안의 몰락, 위기로 내달리는 사회와 나라 걱정으로 "늘 애통해하며 술로 세월을 보내다가 술병에 걸렸고", 결국 향년 52세를 일기로 사망하고 말았다. 해직 이후 고향에서 벗과 함께 교유하면서 시름을 잊고 지내던 김취문은 "그의 성행性行과 계벌系閥을 서술하여 기록으로 남겨 훗날을 대비하고자" 묘지를 작성했다.

그는 1556년(명종 11) 조개趙介(함안조씨)와 결혼한 맏딸 매기梅其(1540~1556)가 17살 어린 나이로 먼저 세상을 떠난 참척慘慽의 고통도 맛보았다. 맏딸은 전처(李俌의 여식) 소생이었는데, 전처(인천이씨)는 두 딸만을 남겨둔 채 1544년(중종 39) 산후중으로 사망했다. 사랑하는 아내를 잃었을 때 그는 36살이었고, 매기는 이제 겨우 다섯 살이었다. 장녀는 모친 임씨와 계모 이씨(광주이씨)의 돌봄 속에 반듯한 규수로 자라, 16살에 부친의 임지였던 청송 안덕에 세거한 선비와 결혼했지만 요절했다. 어린 나이에 모친을 여읜 탓에 가장 애틋했던 맏딸을 잃었을 때, 그의 나이 48세였다. 평소 감정을 극도로 자제했던 그였지만 맏딸의 죽음 앞에서는 무너지고 말았다. 그가 맏딸을 위해 쓴 '광명壙銘'은 다음과 같다.

김씨의 딸로서 이름은 매기, 애비는 부백府伯, 에미는 이씨였네.

다섯 살에 에미를 잃고, 15, 16세에 계례笄禮를 치렀네.

조씨에게 출가했지만 홀연히 요절하고 말았네.

아 애달픈 너의 삶, 예쁘고도 지혜로웠네.

비록 배운 것은 없었지만 애비의 뜻을 따랐네.

임종 때 남긴 말, 효성과 우애뿐이었네.

에미 산소 곁에 묻혔으니 이 또한 네 뜻이었다.

애비가 너의 광명壙銘을 지으니, 에미가 너를 볼 것이다.

네가 안다면 두려워하지 말라.

병진년(1556) 을미 월月 경자 일日에 애비는 울면서 묘지墓誌를

쓴다.

전처 인천이씨와 장녀 조실(매기)의 산소. 위쪽이 장녀의 산소이다.(구미 들성 성자산 소재)

5) 미래의 재상宰相감

(1) 옥같이 맑고 난초처럼 향기로운 사람

김취문은 56세가 되던 1564년(명종 19) 또다시 나주 목사에 임명되었다. 그리고 이듬해 늦봄 기댈 것 없는 앞날, 기약 없는 외직 생활로 심신이 지쳐 가던 그에게 마침내 광명이 찾아왔다. 문정왕후가 65세의 나이로 사망한 것이었다. 그녀의 서거를 계기로 사림파의 총공세가 개시되었고, 보우의 제주도 귀양(6월), 윤원형의 삭탈관작과 방귀전리放歸田里, 그리고 그의 추종 세력들에 대한 숙청(8월)이 숨 가쁘게 이어졌다. 중앙 정계를 뒤흔든 정풍의 거센 바람이 점차 잦아들어 간 9월, 외직을 전전하던 을사명현들의 중앙 복귀가 이루어졌다. 가장 먼저 소환된 이가 바로 김취문이었다. 그가 57세의 나이로 성균관 사성(종3품)에 임명되어 무려 20년 만에 중앙관이 되었을 때, 그에 대한 사관의 평은 다음과 같았다.

> 사람이 꾸밈이 없고 까다롭지 않다. 벼슬살이할 때는 청렴했고, 백성들을 사랑으로 대했으며, 법도 있게 처신했다. 나주 목사에서 이 직에 제수되었다.

그는 이후 의정부의 당하관(사인·검상), 사헌부와 사간원의 차관(집의·사간) 등 청직을 두루 거쳤다. 선조 즉위 이후에는 승정원 승지, 강원도 관찰사, 장예원 판결사, 호조 참의, 사간원 대사간 등 요직을 두루 역임한 끝에, 1570년 3월 18일 홍문관 부제학에 임명되었다. 바로 그날 그는 회현방 우사에서 목숨을 거뒀다. 향년 62세였다. 그의 부고가 전해지자, 선조는 애도를 표하고 예조 좌랑 정지연을 보내어 치제했다. 많은 동료 관원들도 안타까워하면서 만장과 제문을 지어 그를 추모했다. 만장과 제문을 통해 당시 그에 대한 사림파 관료들의 평가를 살펴보도록 하자.

1565년 8월 박순朴淳과 함께 윤원형의 처단에 앞장서 공을 세운 이탁李鐸(藥峰, 1509~1576)은 김취문의 금란지우金蘭之友였다. 1509년생으로 동갑이었던 두 사람은 이탁이 2년 먼저 문과에 급제했지만, 둘 다 젊은 나이(27세, 29세)에 과거에 합격한 신진이었고, 홍문록弘文錄에 이름을 같이 올린 동료였다. 사화 이후 김취문이 지방 관직을 전전하는 동안 두 사람의 관계는 뜸해졌지만, 1565년 가을 김취문이 중앙관으로 복귀하면서 두 사람은 실로 20년 만에 재회할 수 있었다. 서울에서 만난 두 사람은 모두 '백발이 성성한' 50대 후반의 노인이었다. 세월이 많이 흘렀고 수많은 고초를 당했음에도 불구하고, 노인이 다 된 친구는 여전했다. 이탁은 「만장輓章」에서 "창송蒼松 같은 기절은 변하기 어렵고, 따뜻한 옥 같은 광채가 자연 그대로였네"라며 재회 순간을 추억했다.

유희춘柳希春(眉巖, 1513~1577)은 1540년(중종 35) 서울에서 관직 생활을 하고 있을 때 김취문을 처음 만났고, 이후 두 사람은 "서로 마음을 비추며" 교유하는 사이가 되었다. 선조 즉위 이후 사면된 그가 1567년 중앙으로 복귀했을 때, 당시 삼사의 요직을 두루 거치고 있던 김취문과 무려 23년 만에 재회의 기쁨을 맛보았다. 60을 바라보던 두 사람은 이 때 "손을 맞잡고 반가워하며", "세월의 덧없음을 서로 탄식했다."(「祭文」[柳希春])

1565년 가을 김취문이 중앙관이 되었을 때 그의 청망淸望을 흠모하여 그를 만나려는 사람들이 줄을 이었다. 그중에는 성균관 대사성 허엽許曄(草堂, 1517~1580)도 있었다. 그는 같은 부서의 차관(사성)에 임명된 김취문에게 만남을 청했고, 그날 저녁 김취문이 그의 집을 방문하여 두 사람의 만남이 성사되었다. 성균관의 장관과 차관이라는 지위 고하를 떠나 그날 저녁 두 사람은 밤을 지새우면서 대화를 나누었다. 허엽이 주로 "의심난 곳을 묻고 그가 대답했는데" 이후 두 사람은 "골육 형제처럼 가까워졌다."(「祭文」[許曄])

선조 즉위 이후 석방되어 중앙으로 복귀했던 또 다른 을사명현 김난상金鸞祥(鉼山, 1507~1570)은 김취문과 함께 "의정부(蓮堂)의 동료가 되어 몇 차례 술잔을 기울였다." 이후 두 사람은 "서로 의리를 권하며 격려했고, 형제와 같은 정의를 다졌다." 취향이 같았던 두 사람은 "간담을 서로 드러내며 평생 변치 말 것을 결의

했다."(「祭文」[金鸞祥])

　김취문은 "품질禀質이 순수하고 두터웠고 받은 기절氣節이 밝고 강했으며, 풍채와 도량이 응축되고 심오했으며, 모습이 단아했다."(상호군 김난상) "화평하면서도 세속에 휩쓸리지 않았고, 청렴하면서도 남에게 상처를 주지 않았다."(교서관 관원 金鎬) "자질이 천자영수天資穎秀할 뿐만 아니라 독학하여 성찰존양省察存養이 처음부터 쉼이 없었다."(이조 참의 허엽) "성품은 너그럽고 평온하여 옥처럼 따사로운" 사람이었다.(부제학 유희춘)

　당시 그를 추모하던 많은 사람들이 가장 많이 언급한 그의 성품은 "단아하다"(이탁, 김난상, 박계현, 이충작, 김호), "옥같이 맑고 난초처럼 향기롭다"(유희춘, 오건, 이기), "온화하다"(유희춘, 허엽, 김호, 申諶), "너그럽다"(유희춘), "청렴하여 부귀와 권세를 드러내지 않는다"(김난상, 김호) 등이었다. 강원도 도사 시절 그를 만난 표훈사의 노승 성원이 "깨끗한 기품이 소담해서 조금도 자만하거나 인색하지 않다"라고 하거나, 영천 군수로 재직했을 때 그곳을 활보했던 극적의 두목 팔룡이 그를 '옥인玉人'이라고 평한 것을 보면, 그가 '옥같이 맑고 난초처럼 향기로운' 사람이었음에 틀림없다. 국왕 선조 명의의 사제문에서 제자 정지연은 그의 성품을 다음과 같이 축약하고 있다.

　혼령은 별의 정기가 뭉쳤고 높은 산에서 내린 신명이다.

도량이 남을 받아드릴 만큼 넓었고, 자질이 단아하고 순수했다.
옥처럼 따스하고 용모 기상이 화락해서 자상했다.
학문으로 (나를) 보도했으니 유柔와 강剛을 동시에 갖추었다.

(2) 대용이 기대된 관료

제문과 만장을 보낸 많은 사림파 관료들 가운데 그가 "크게
임명될 뻔했다"(大用)며 아쉬워하는 이들이 적지 않았다. 이조 판
서 이탁, 승지 박계현朴啓賢과 박소립朴素立, 교서관 관원 김호金鎬
등이 그러했다. 의정부 사인 이기李墍가 제문에서 밝힌 것처럼,
그에게 기대한 '대용'의 구체적 내용은 "모두가 경상卿相에 오르
리라"는 것이었다. 그를 '대용'하여 중직에 임명할 것이라는 주
위의 기대는 선조가 내린 사제문에서도 확인된다.

내가 왕위를 계승한 뒤에 그대가 힘쓰는 덕을 가상히 여겼다.
그리하여 후설喉舌(승지) 직에 두어 오직 왕명의 출납을 맡도
록 했다.
선화당 그늘 아가위(관찰사)는 백성들의 노래로 그치지 말게
함이었다.
장차 '대용'을 기대하면서 그대가 돌아오기를 기다렸다.……
경도 내 뜻을 받들어 고맙게도 상경하여, 두 번째로 사륜絲綸

(교서)을 맡았고, 드디어 언책言責의 장(대사간)이 되었다.

경이 조정에 있으니 내 마음이 아주 기뻤도다.……

1565년 가을 중앙 정계 복귀 이후 거쳐 간 관직들을 추적해 보면, 당시 사림 정국에서 그가 어떤 위치에 있었는지를 미루어 짐작할 수 있다. 그의 정치적 위상을 살펴보기 위해서는 그가 역임한 관직의 전임 및 후임 관원들을 아울러 추적할 필요가 있다. 그는 1565년 을축경화 이후 당하관의 수직首職인 의정부 사인을 비롯해서, 사헌부 집의, 사간원 사간, 홍문관 응교 등 삼사의 차관을 두루 역임했다. 선조 즉위 이후에는 사간원 대사간, 홍문관 부제학 등 삼사의 장관이 되었다. 을축경화 이후 1570년(선조 3) 3월까지 그가 역임한 관직의 전·후임 인사들을 도표로 만든 것이 【표 7】이다.

1565년 을축경화 이후 명종이 사망한 1567년(명종 22) 6월까지 26개월 동안 사인, 집의, 사간 등 의정부와 양사의 차관으로 임명된 이들은 모두 19명이었다. 이들 가운데 을사사화에 연루되어 정치적으로 탄압을 받은 이는 김취문이 유일했다. 나머지는 대체로 1520년대 이후 출생하여 명사로 인정받아 명종 대 비교적 순탄하게 승진했던 이들이었다. 그런데 이들 19명 가운데 5명만이 선조의 즉위 이후 삼사 장관으로 승진했다.(최응, 김취문, 기대승, 김계휘, 심의겸)

관직		역임자	인원 수
사인(정4품)		이후백(4), <u>최옹</u>(3), *<u>김취문</u>(3), 구사맹(3), <u>기대승</u>(2), 고경허(2), 김첨경, 김계휘, 권덕여, 안자유	10
차관	사간(종3)	이중호(4), 이인(3), 송하(2), 김첨경(2), 구사맹(2), *<u>김취문</u>, <u>김계휘</u>, 유전, 박호원, <u>심의겸</u>, 이후백, 고경허, <u>최옹</u>, 김억령	14
	집의(종3)	이인(2), 고경허(2), *<u>김취문</u>, 김규, <u>김계휘</u>, 김첨경, 유전, 민시중, <u>심의겸</u>, 구사맹, 송하	11
장관	대사간(정3)	홍인경(4), 박근원(3), *백인걸(3), 박응남(2), **이양원**(2), <u>최옹</u>(2), 강사필(2), *진식(2), 박순, **정종영**, 이양원, <u>김계휘</u>, 목첨, **윤두수**, ***노수신**, **강사상**, 박계현, **박대립**, *민기문, <u>심의겸</u>, *<u>김취문</u>, *김난상, 이식	23
	대사헌(종2)	박응남(5), **박순**(4), 박영준(4), **이탁**(2), 박계현(2), 오상(2), **정대년**(2), **강사상**(2), **김귀영**(2), *백인걸(2), 김개	11
	부제학(정3)	**김귀영**, 윤의중, **이양원**, 이문형, 박근원, 박응남, **박순**, *진식, 홍인경, **박대립**, ***노수신**, 이정, 백인걸, *유희춘, *<u>김취문</u>, <u>기대승</u>	16

비고: 1. 사인, 집의, 사간은 26개월 동안(명종 20년 4월~22년 6월) 재직한 관료들을 대상으로 한 것임.
2. 대사간, 대사헌, 부제학은 5년 동안(을축경화~선조 3년 4월) 재직한 관료들을 대상으로 한 것임.
3. 밑줄은 의정부 및 삼사의 차관직에서 삼사의 장관으로 승진한 관료들, 굵은 글씨는 찬성(종1품) 이상으로 승진한 관료들.
4. *는 을사사화 당시 피화자들.
5. ( )는 동일 관직의 역임 횟수.

【표 7】 1565년 4월~1570년 4월 김취문의 전·후임 관원들

1567년 6월 선조의 즉위 이후 사림 정권의 색채가 한층 짙어
지면서, 을사사화의 유탄을 맞은 피화자들이 속속 복귀했다. 이

들이 삼사의 장관직을 차지하면서 인재풀은 좀 더 다양해졌다. 5년 동안(1565~1570) 삼사 장관이 된 이들은 모두 33명이었는데, 이들 가운데 7명이 피화자들이었다.(백인걸, 진식, 노수신, 민기문, 김취문, 김난상, 유희춘) 33명의 장관들 가운데, 판서(2품) 이상으로 승진한 이들이 17명이었고, 찬성(1품) 이상이 된 이들은 모두 10명이었다.

삼사 장관 가운데 절반이 판서급으로 승진했고, 그들 가운데 60% 정도가 정승이 되었다. 전체적으로 보면 삼사 장관 역임자의 1/3 정도가 정승이 되었다. 정조계政曹系의 장관직(2품)을 담당하는 이들을 재상宰相으로 부른다는 점에서, 재상으로 승진한 17명의 고위 관료가 사실상 선조 초반 사림 정국을 이끌던 핵심 관료들이었다.

이들 가운데 재상이 되지 못한 경우는 사망이 가장 많은 사례를 차지했다. 홍인경, 진식(이상 1568), 김취문, 김난상(이상 1570), 이정(1571), 박응남, 기대승(1572), 민기문(1574) 등이 그들이었다. 이들 가운데는 을사사화의 피화자들이 유독 많았다. 진식, 김취문, 김난상, 민기문 등이 그들이었다. 20년 이상 금고禁錮 되거나 외직을 전전했던 이들이 중앙에 복귀했을 때, 50대 후반~60대 초반의 노인이었던 것이 주요 원인이었다.

다른 경우로는 당시 관료사회를 주도하던 사림파의 적대 정파이거나 이들과 불화했던 이들이었다. 김개金鎧는 사림파를 '기묘사림의 잔당'이라 비판하다가 숙청된 명종 대 권신이었고, 백인걸은 평소 불 같은 성격으로 사림파의 주류들과 화합하지 못했다. 사망하거나 이질적인 성격으로 재상이 되지 못한 9명을 제외하면, 대부분 큰 무리 없이 재상으로 승진했고, 그중 일부는 정승이 되었다.

을사 피화자들 가운데 유일하게 재상으로 승진한 이는 노수신(盧守愼(蘇齋, 1515~1590)이었다. 피화자 가운데 비교적 연소했던 그는 선조 원년(1568) 54세로 중앙에 복귀하자마자 대사간, 부제학에 파격적으로 임명되었고, 1571년(선조 4) 대사헌으로 승진했으며, 이듬해인 1572년 이조 판서가 되어 재상 반열에 올랐다. 이듬해인 1573년(선조 6)에는 59세로 우의정이 되었고, 이후 좌의정(1578), 영의정(1585)을 차례로 역임하면서, 피화자들 가운데 가장 높은 관직에 올랐다.

이상의 서술에서 확인할 수 있듯이 삼사 장관을 역임한 당대 명사들 가운데 재상과 정승이 되기 위해서는 ① 행정 능력, ② 원만한 성격, ③ 나이와 건강 등 세 가지 요인을 두루 갖추어야 했다. 어느 하나라도 결격이 있을 경우, 참판(종2품) 이상으로 승진할 수 없었다. 이들 요소 가운데 이 무렵 이들에게 가장 중요했던 것은 나이와 건강이었다. 50대 후반~60대 초반이 대부분이었던 을사명현들이 재상의 문턱을 넘지 못하고 좌절한 이유가 여기에 있었기 때문이다.

김취문은 앞의 두 가지 요소를 갖춘 관료였다. 나라가 무너져 내리고 지방 사정이 극도로 악화되었던 명종 대, 그는 여러 차례 지방관직을 수행하면서 회복 불능의 군현들을 회복시키고 백성들을 구해 내는 기적을 이루어냈다. 따뜻하고 단아하며 옥같이 맑았던 성정의 소유자인 그는 중앙 복귀 이후 동료 관원들로부터 많은 칭송을 받았으며, 16세의 어린 나이로 새 군주가 된 선조도 그를 깊이 신임했다. 그렇지만 그의 발목을 잡은 것은 나이와 건강이었다.

6) 철인의 죽음

선조가 즉위한 1567년, 그는 온갖 세파에 시달리면서 심신이 약해질 대로 약해진 59세의 노인이었다. 60세 때 강원도 관찰사에 임명되어 1년 가까이 재직한 이후(1568.5~12), 그의 건강은 크게 악화되었다. 1565년 가을부터 중앙의 요직을 섭렵하면서 과로한 데다가, 관찰사 업무를 수행하느라 건강을 잃은 탓이었다. 그는 이후 요양을 위해 관직을 사임하고 고향으로 돌아갔지만, 1569년 여름 국왕의 거듭된 명령으로 다시 승지로 복귀했다. 이후 호조 참의, 대사간에 임명되는 등 선조의 비상한 관심을 받았지만, 한번 잃어버린 건강은 회복되지 않았다. 결국 그는 1570년 초봄부터 중병에 시달렸고, 3월 18일 사망하고 말았다. 향년 62세였다. 그의 사망 소식이 전해지자 "조정이 놀라 그를 애도하

고, 진신縉紳들이 모두 애석해했다."(승지 박계현) 아래는 당시 사림
파 관료들의 그에 대한 평가다.

　○ 이조 참의 허엽: 철인哲人이 돌아가셨으니, 나라의 불행이다.

　○ 충청 감사 박소립: 나라의 보배이며 사문斯文의 영수領袖였
　　다.…… 나라의 불행이며 백성들이 박복하다.…… 살아서
　　는 고명高名했고 죽어서는 중론이 애석해한다.

　○ 상호군 김난상: 누가 인자仁者 수壽한다 했는가? 오직 철인
　　哲人이 위축됨을 보도다.

　○ 상호군 최옹崔顒: 들보가 큰집을 꺾어 철인哲人이 떠났도다.

　○ 홍문관 응교 이중호李仲虎: 일찍이 높은 명성 사림들이 우
　　러러 보았고, 학행은 한 시대의 유종儒宗과 다퉜다.

　○ 교서관 관원 김호: 진신들의 모범이며 사자士子들의 의형儀
　　刑이다.

　많은 사림과 관료들은 재상감으로 거론되던 그가 이토록 빨

리 서거하자 크게 안타까워했다. 사후 그에게 헌정된 제문 혹은 만장들에서 그가 '크게 중용될' 것이라고 믿어 의심치 않은 까닭이 여기에 있었다. 17세기 초반 최현崔晛(認齋, 1563~1640)이 편찬한 『일선지一善志』에는 그에 대한 당시 사림파 관료들의 기대가 잘 서술되어 있다.

> (인종 사후) 공은 고고한 절개로 특립特立하여 권귀 보기를 업
> 신여기는 듯했다. 이로 인해 당로자들에게 미움을 받아 외직
> 을 전전했지만, 모두 청렴한 지조로 이름이 드러났다. 1568년
> (선조 원년) 강원도 관찰사가 되었고, 1569년 승지가 되었으
> 며, 곧바로 대사간이 되었다. 명성이 크게 알려져 바야흐로
> '크게 중용되려 했지만' 얼마 지나지 않아 서거했다. 이로 인
> 해 진신들이 아주 애도했다.

을사사화 당시 피화된 채 외직을 전전했던 또 다른 사림파 관료인 호조 참판 유경심柳景深(龜村, 1516~1571)은 그를 다음과 같이 추모하고 있다.

> 조정 의론이 바야흐로 기강을 떨치기를 기대했는데, 어찌하여
> 오늘날 문득 사망하셨단 말입니까? 정주程朱의 정학正學이어
> 서 사람들이 모두 애석해하고, 공리孔李의 통가通家이니 저의

김취문 산소(구미시 남통동 금오산 소재)

김취문 산소의 문인석

상심이 배나 됩니다.

「제문祭文」(柳景深)

　안동 출신 유경심은 교수 배관裵寬의 여식과 결혼하여 성주에 거주한 인연으로, 성주 팔거가 처가인 김취문과 일찍부터 교유했다. 두 사람의 두터운 교분은 훗날 김취문의 장남 김종무金宗武가 유경심의 4촌 유중영柳仲郢(立巖, 1515~1573)의 둘째 딸과 결혼하는 계기가 되었다. 겹사돈이 된 유경심은 '공리孔李의 통가通家'라며 그를 특별히 애도했다.

　김취문은 며느리의 둘째 오빠 유성룡柳成龍(西厓, 1542~1607)을 애지중지했다. 1567년(선조 즉위년) 10월 유성룡이 성절사聖節使의 서장관書狀官이 되어 명나라로 가게 되었을 때, 그는 영은문으로 나아가 며느리의 오빠를 전별해 주었다. 1570년 성균관 전적에 재직 중이던 유성룡은 당시의 고마운 마음을 담아 다음과 같은 제문을 남겼다.

　작년에는 공이 건강하셔서 서교西郊에서 저의 사행使行을 보내주셨습니다.
　아직 그때 이별했던 모습이 애틋하온데, 오히려 먼 정이 생각납니다.
　하늘이 어찌 한 번의 병환으로 급히 데려가셨습니까? 석 잔 술

백운재白雲齋(김취문의 재사, 구미시 남통동 금오산 소재)

금오산 전경

에 눈물이 흘러내립니다.

사람이 가 버리니 슬픔이 온 나라에 가득하고, 여한餘恨은 창
생들에게 남았습니다.

한 시대의 '철인哲人'이자 '사문斯文의 영수領袖', '유종儒宗'
이었으며, "진신縉紳들의 모범이며 사자士子들의 의형儀刑이었던"
김취문은 그렇게 한 세상을 마감했다. 그가 사망하자 국왕 선조
는 "경연에서 나를 학문으로 보도해 주었다"라며 그를 추모하는
한편, 예조 좌랑 정지연을 빈소로 보내어 제사를 거행하게 했다.
수많은 사림과 관료들의 애도 속에 그는 그해 10월 25일 고향 선
산의 금오산 동쪽 기슭에 묻혔다.

주

1) 이 절의 내용은 주로 『조선왕조실록』의 기록에 의거하였다.

2) 집의 추천자 4명(정황, 백인걸, 유희춘, 김취문), 홍문록 입록자 8명 가운데 7
   명(곽순, 정황, 백인걸, 임보신, 이섬, 권용, 김취문), 홍문관 관원 13명 가운데
   10명(나숙, 이약해, 이황, 한주, 박광우, 김진종, 유희춘, 김취문, 이원록, 이휘)이
   정치적으로 탄압을 받은 被禍人이었다.

3) 노수신은 김취문의 절친 강유선의 동서로, 그를 홍문관 관원으로 적극 끌
   어준 벗이었다.

4) 온난했던 '중세 최적기'가 끝이 난 14세기부터 날씨는 점점 추워졌다. 날
   씨가 본격적으로 추워진 '소빙기'(little ice age)는 16세기 후반부터 활성화
   하기 시작했다. 전 세계적으로 이상 저온이 지속되면서 농작물의 피해가

극심했고, 흉년이 다발하면서 경제 위기가 가중되는 양상이 세계 곳곳에서 나타났다.(Harm J. de Blij, *Why Geography matters: More Than Ever*)

5) 당시 이조에는 판서 安玹, 참판 柳溥, 참의 李英賢, 정랑 고경허·이경운, 좌랑 노진·이명 등이 재직하고 있었다. 이영현은 김취문의 문과 同年이고, 노진은 그와 함께 1552년 청백리로 녹선된 대표적인 淸官이었다.

6) 사실 이황은 '득도 이후 수양'이라는 송당의 공부법이 선종 불교의 득도 방식과 비슷하다 하여, 정통 유교의 공부법이 아니라고 비판한 바 있다.(李珥, 『栗谷全書』, 「擊蒙編跋」)

제3장 에필로그

김취문은 20세가 되던 1528년(중종 23) 부장部將 이칭李偁(인천 이씨)의 여식과 결혼하여 2녀(趙介, 徐浚의 처)를 낳았다. 1544년 부인 이씨가 산후증으로 사망하자 이듬해인 1545년(인종 원년) 판관 判官 이인부李仁符(광주이씨)의 여식과 혼인, 3남 1녀를 낳았다. 장인이 맏형의 사돈 이덕부의 동생이라는 점에서[7] 이 혼인을 주선한 사람은 김취성이었다. 김취성·김취문 형제는 광주이씨와의 연혼을 통해 두 집안의 세의를 다졌다. 장남 종무(1548~1592)는 유경심의 주선으로 황해도 관찰사 유중영(1515~1573, 풍산유씨)의 여식과 결혼, 2남 1녀를 낳았다.

차남 종유宗儒(1552~1592)는 서울의 벌족 진사 유륜兪綸의 여식과 결혼하여 2남 2녀를 낳았다. 차남의 혼사와 관련하여 다음과 같은 일화가 전해 내려온다. 사림파 관료로서 성가를 드날리던 1566년(명종 22), 열다섯 살이 된 차남 종유의 혼사가 현안이 되었다. 상대는 진사 유륜(기계유씨)의 여식이었는데, 그는 판서 유여림兪汝霖(1476~1538)의 막내아들이었다. 유여림의 장남인 생원 유관兪綰은 선조 대 우의정을 지낸 유홍兪泓의 부친이었고, 둘째 진사 유진兪縝은 음직으로 부사府使를 지냈으며, 문과를 거쳐 판서를 역임한 셋째 유강兪絳(晩修, 1510~1570)은 김취문과 더불어 삼사의 장관직을 두루 거친 명사였다. 아들 4형제가 모두 소과와 대과를 합격한 재원인 데다가, 이 집안은 워낙 서울의 부호로 알려져 있었다.

　두 집안의 혼사는 유강과 김취문의 친분에서 비롯되었다. 혼담이 오가는 가운데 김취문의 집을 다녀온 유씨 측의 매파가 고개를 절레절레 흔들었다. "저 회현방 김 승지 집은 나무 구기로 밥을 퍼고 있으니, 그의 가난을 알 만합니다. 하필이면 저렇게 가난한 집에 따님을 주려 합니까?" 이 말을 들은 판서 유강은 웃으면서 "그것이 바로 세인世人들이 김 승지를 현인賢人이라 일컫는 이유다"라고 하며 결혼을 강행했다.(『久庵集』, 「遺事」[玄孫 金相玉 所錄])

도선굴(구미시 금오산 소재)

사후 23년 만인 1592년에 맞은 임진왜란으로, 김취문 집안은 당시 멸문에 가까운 대참사를 당했다. 일본군의 선산 점령을 앞두고 아내 이씨와 세 아들(김종무, 김종유, 김종한), 그리고 가족들이 금오산 도선굴로 피신했다. 이들 가운데 김종무의 1남 1녀, 김종유의 2남 2녀를 제외한 나머지 어른들은 그해 8~9월 도선굴로 은신한 피난민들 사이에서 발생한 전염병으로 사망했다. 사근도沙斤道 찰방察訪에 재직 중이던 장남 김종무는 그해 4월 25일 순변사巡邊使 이일李鎰 군과 일본 제1군 고니시 유키나가(小西行長) 군 사이에서 벌어진 상주 북천 전투에 참전하여 전사했다. 멸문의 문턱까지 갔던 이 가문은 김공金𤟱(김종무의 아들)과 김휘金翬·김훤(김종유의 아들)이 살아남음으로써 가문의 명맥을 간신히 유지할 수 있었다. 김취문이 서거한 지 133년이 지난 1702년(숙종 28), 그의 학덕과 지조를 높이 평가한 고향의 후배들은 그를 낙봉서원洛峰書院에 배향했다. 그와 함께 제향된 향현鄕賢들은 김숙자金叔滋, 김취성金就成, 박운朴雲, 고응척高應陟으로, 이들 5인은 선산이 낳은 도학자들로서 조선 성리학의 확산에 크게 기여한 인물들이었다. 낙봉서원은 이후 길재吉再, 김종직金宗直, 정붕, 박영을 배향한 금오서원金烏書院과 더불어 선산의 문풍을 상징하는 양대 서원으로 우뚝 서게 되었다. 김취문은 맏형 김취성, 선배 박운과 함께 제향됨으로써 평소 존경해 온 동향의 도학자들과 나란히 하는 영광을 안았다.

낙봉서원(구미시 해평읍 낙성리 소재)

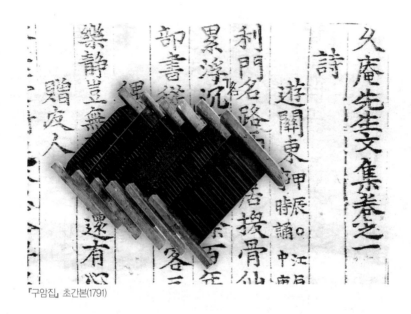

『구암집』 초간본(1791)

　　조선 도학의 확산과 관련하여 중요한 인물들을 배향한 낙봉
서원은 1787년(정조 11) 정부로부터 사액賜額되어 준국학準國學으
로 승격되었다. 후손들은 선조에 대한 현창 사업을 줄기차게 벌
여 나가 산일散逸되어 버린 유문遺文의 일부를 수습하여 1793년
(정조 17) 『구암집久庵集』 2권을 간행했다.

　　1863년(철종 14)에는 사림 정국에서 기여한 공로가 인정되어
그에게 정간貞簡이라는 시호가 내려졌다. "청백淸白하여 자수自守
하고(貞), 정직하고 삿되지 않은(簡)" 그의 자질을 인정받은 것이
었다. 이듬해인 1864년(고종 원년) 그에 대한 평가가 "근학호문勤學

教旨
贈嘉善大夫吏曹然判兼同知經
筵義禁府事弘文館提學同知春
秋館成均館事五衛都摠府副摠
管行通政大夫弘文館副提學知
製教兼經筵贊官春秋館修撰
官金就文贈資憲大夫吏曹判書
兼知經筵義禁府事弘文館大提
學藝文館大提學知春秋館成均
館事五衛都摠府都摠管者
贈正卿事承
學問得正事業表著加
傳
咸豐三年八月十八日

이조판서 증직 교지

문간공 교지

謚號
贈吏曹判書 金就文
文簡公
同治三年七月初九日
大司憲 執義 掌令 持平

好問하고(文), 정직하여 삿되지 않은" 것으로 조정되었다. 시호가
문간文簡으로 격상된 것이었다.

　　그로부터 4년 뒤인 1867년(고종 4) 우의정 유후조柳厚祚(洛坡,
1798~1876)가 연시고유문延諡告由文을 작성하여 그의 사당과 낙봉서
원에 각각 헌정했다. 상주 우촌 출신 유후조는 황해 감사 유중영
의 9세손이자 풍산부원군 영의정 유성룡의 8세손이었다. 세대를
초월하는 양가의 세의를 누구보다 잘 알고 있던 유후조는 풍산유
씨 가문을 대표해서 선산김씨 가문에게 예우를 다한 것이었다.

7) 김취성의 딸은 이준경(이덕부의 아들)과 결혼했는데, 이덕부는 이인부의 형
　이었다.

참고문헌

金宇顒,『東岡集』.

金就文,『久庵集』.

金就成,『眞樂堂先生文集』.

朴演,『喚醒堂逸稿』.

朴英,『松堂先生文集』.

朴雲,『龍巖集』.

魚叔權,『稗官雜記』.

李文楗,『默齋日記』.

李元禎,『京山志』.

李珥,『栗谷全書』.

李滉,『退溪集』.

張顯光,『旅軒集』.

崔晛,『一善志』.

黃俊良,『錦溪先生文集』.

『古文書集成 92-漆谷 石田 廣州李氏篇 (1)』,「金就成 分財記」(1549; 명종
       4), 한국학중앙연구원, 2009.

『鹿峯精舍永慕契案帖』(1984),「講舍錄」.

『文科榜目』.

『明宗實錄』.

『宣祖實錄』.

『中宗實錄』.

금오공과대학교 선주문화연구소,『구암 김취문과 선산 김씨의 종족 활
       동』, 형설출판사, 2010.

김성우,『조선 중기 국가와 사족』, 역사비평사, 2001.

김학수,『송백의 지조와 지란의 문향으로 일군 명가, 구미 구암 김취문 종
       가』, 예문서원, 2016.

권오정,「漆谷 廣州李氏家의 역사와 소장 古文書」,『古文書集成 92-漆谷
　　　石田 廣州李氏篇』(1), 한국학중앙연구원, 2009.
김성우,「16세기의 사림파, 진보세력이었던가?」,『한국사 시민강좌』33,
　　　2003.
＿＿＿,「선조대 사림파의 정국 장악과 개혁노선의 충돌-선조 8년(1575)
　　　동·서 분당의 사회경제적 배경과 관련하여」,『한국사연구』132,
　　　2006.
＿＿＿,「15, 16세기 士族層의 고향 인식과 거주지 선택 전략-慶尙道 善
　　　山을 중심으로」,『역사학보』198, 2008.
＿＿＿,「15세기 중·후반~16세기 道學運動의 전개와 松堂學派의 활동」,
　　　『역사학보』202, 2009.
＿＿＿,「임진왜란 시기 구미지역의 참상과 전쟁의 극복 양상」,『역사학
　　　보』230, 2016.
김학수,「조선후기 영남지역 사족가문의 學派·政派的 분화와 그 존재 양
　　　상-松堂門人 久庵 金就文(1509~1570) 가문을 중심으로」,『한국
　　　사학보』38, 2010.
배영동,「선산김씨 문중 활동의 지역문화적 의의-文簡公派를 중심으로」,
　　　『구암 김취문과 선산김씨의 종족 활동』, 형설출판사, 2010.
장윤수,「송당 박영의 도학적 학풍과 성리학적 사유」,『한국학논집』66,
　　　2017.
최원석,「조선후기 士族村의 풍수 담론과 들성의 풍수」,『구암 김취문과
　　　선산김씨의 종족 활동』, 형설출판사, 2010.

Harm J. de Blij(하름 데 블레이), *Why Geography matters: More Than
　　　Ever*, 2nd Edition, Oxford University Press, 2012(유나영 옮김,『왜
　　　지금 지리학인가?』, 사회평론, 2015).